寻访

济南传统村落

南山钢城平阴篇

姜波 等著

山东画报出版社
济南

图书在版编目（CIP）数据

寻访济南传统村落／姜波等著.—济南：山东
画报出版社，2024.3
ISBN 978-7-5474-4720-8

Ⅰ.①走… Ⅱ.①姜… Ⅲ.①村落—介绍—济
南 Ⅳ.①K928.5

中国国家版本馆CIP数据核字(2023)第256650号

XUNFANG JINAN CHUANTONG CUNLUO

寻访济南传统村落

姜波 等著

项目策划 秦 超
责任编辑 于 滢
装帧设计 李潇爽 许鑫泽 骆思宇

主管单位 山东出版传媒股份有限公司
出版发行 山东画报出版社
　　社　　址 济南市市中区舜耕路517号 邮编 250003
　　电　　话 总编室（0531）82098472
　　　　　　 市场部（0531）82098479
　　网　　址 http://www.hbcbs.com.cn
　　电子信箱 hbcb@sdpress.com.cn
印　　刷 济南新先锋彩印有限公司
规　　格 185毫米×260毫米 16开
　　　　　 65.75印张 1000千字
版　　次 2024年3月第1版
印　　次 2024年3月第1次印刷
书　　号 ISBN 978-7-5474-4720-8
定　　价 498.00元（全五册）

如有印装质量问题，请与出版社总编室联系更换。

编委会

总 序

　　我国有着丰富多样的物质形态和非物质形态文化遗产的传统村落，这些村落承载着中华文明的悠久历史。然而，随着工业化和城镇化的快速发展，许多传统村落正在逐渐衰败甚至消失，具有鲜明建筑特色和深厚人文历史的传统村落保护已经变得刻不容缓。

　　在 2013 年的中央城镇化工作会议上，习近平总书记强调了保护传统村落的重要性，提出了让居民"望得见山、看得见水、记得住乡愁"。2014 年，住建部等四部委联合出台《关于切实加强中国传统村落保护的指导意见》，加大传统村落保护力度，实现传统村落可持续发展。近年来，山东省深入贯彻落实习近平总书记关于传统村落保护的重要指示批示精神，自 2020 年连续 4 年在省委一号文件中明确提出加强传统村落和传统民居保护，强化顶层设计，塑造齐鲁特色乡村风貌。

　　济南市住房和城乡建设局高度重视传统村落的保护工作，制定针对性政策支持申报和保护，并在积极挖掘整理济南市传统村落资源方面取得了显著成效。截至 2023 年，在公布的 6 批中国传统村落名录中，济南市共有 20 多个国家级传统村落和 40 多个省级传统村落，数量在全省各地市中名列前茅。

　　2018 年，济南市住房和城乡建设委员会专门成立了《走进济南传统村落》编撰委员会，邀请长年从事传统民居和传统村落研究工作的山东建筑大学姜波教授，承担丛书的主要撰写工作。2020 年，完成了《走进济南传统村落（一）》和《走进济南传统村落（二）》两本书作。这不仅是全国范围内对市级所拥有的国家级和省级优秀传统村落全面调研方面的首创，更是在全国传统村落保护中发挥了引领作用，为传统村落保护和传承发展提供了经验借鉴。

　　2022 年，济南市住房和城乡建设局重启传统村落的调研工作，继续邀请姜波教授承担该丛书的撰写任务。本次调研和撰写工作增加了寻访的村落数量，并在前两本书作的基础上极大地丰富了内容，调整了书作名称，以一种全新的面容呈现在读者面前。

　　我认为这套丛书有以下几方面意义：

　　一、有助于进一步加强对济南传统村落的保护与利用工作。

　　济南的优秀传统村落拥有悠久的历史，不仅保留了原有的建筑风貌，还遗存了大量的文物古迹，并具有独特民风民俗和深厚文化底蕴。因此，发现、保护和传承这些传统村落是当前及未来的重要任务。在前期对入选的国家级和省级优秀传统村落"一村一档案"基础上，济南市住房和城乡建设局又积极探索"传统村落+"模式，进一步促进传统村落的保护与利用。该丛书是对该局上述工作的强劲助力。

二、有助于提升济南的形象，树立独具特色的文化品牌。

济南拥有众多古朴、幽静的传统村落，这些村落具有深厚的历史文化积淀。

有效保护和利用传统村落，可以进一步提升济南文化形象，树立独特的城市文化品牌。这套丛书图文并茂地介绍了济南优秀传统村落，有助于加深人们对传统村落的了解，亦可为其历史文化找到承载体，唤起人们久远的记忆，增强人们的情感认同和文化认同。

三、这是发展乡村旅游产业的客观需要。

文化是旅游的灵魂，旅游是文化的载体。随着乡村旅游的不断发展，人们不再满足于对名山大川的观赏，而进一步延展至对优秀传统村落和历史文化遗产的寻访。2021年，济南市又正式启动了泉水普查工作，本套丛书亦有对古村名泉的记录，将村落和名泉的探访加入到传统村落的保护开发中，为乡村旅游注入更多的城市文化印迹。

四、可以留存与展示传统村落保护与传承工作状况。

近几年，山东省政府加大了传统村落保护和发展力度，对传统村落的连片整治、特色民居的生态保护等工作给予大力扶持。丛书的编写，正是对山东省传统村落保护和发展工作方面的留存与展示。

济南传统村落各具特色，底蕴深厚。作者不辞辛苦，通过大量的田野调查、文献研究等方式，从民俗学、历史学、建筑学、美学等不同角度，剖析其历史文化、村落格局、建筑特色、民俗非遗等，力求全面深刻、形象生动地展示其原始风貌，从而使丛书成为既具有历史传承价值，又具有宣传功能的精美读本，在展现丰富内涵和文化魅力的同时，进一步提升济南传统村落的知名度，并由此得到更多政府、学界和民间力量的关注。

住建部中国传统村落专家指导委员会副主任委员
清华大学建筑学院教授

序言

传统村落是历史的凝结，是文化的本色，是情感的归依，是精神的家园，更是农耕文明不可再生的文化遗产，承载着乡村不灭的灵魂。

自2012年伊始，住房和城乡建设部、文化部、国家文物局、财政部四部、局联合启动了中国传统村落的调查、认定与保护工作，截至2022年10月，已开展了六批中国传统村落名录认定工作。按照国家要求，济南市深入开展传统村落的保护和利用工作，累计24个优秀传统村落入选国家级保护名录、49个村落入选省级保护名录，成为发展乡村振兴的宝贵文化资源。对入选的传统村落，济南市住房和城乡建设局按照科学建档标准建立了"一村一档案"，同时积极探索新形势下传统村落保护与发展的新方式、新途径、新举措。2022年，根据《财政部办公厅、住房和城乡建设部办公厅关于组织申报2022年传统村落集中连片保护利用示范的通知》《住房和城乡建设部、财政部关于做好2022年传统村落集中连片保护利用示范工作的通知》等有关要求，经济南市住房和城乡建设局全力推荐，章丘区成功入选"全国传统村落集中连片保护利用示范县（区）"，这开启了深入探索传统村落保护和发展模式、助力乡村振兴的新篇章。

目前，市住房城乡建设局会同山东建筑大学共同编撰的《走进济南传统村落》系列丛书，已出版了第一辑，第二、三、四辑也已集结成册。在《走进济南传统村落（三）》和《走进济南传统村落（四）》两本书中，我们又收录了27个优秀传统村落，以多角度、多学科的方式呈现村落的空间格局、典型传统建筑、民俗生活等内容。相较前两册书籍，每个村落又增加了航拍图、测绘图、手绘等，使书稿内容更加丰富充实。这27个村分别为：莱芜区茶业口镇中法山村、卧铺村、逯家岭村、上王庄村、潘家崖村、中茶业村，雪野街道娘娘庙村、吕祖泉村，和庄镇马杓湾村、青石关村；钢城区辛庄街道砟峪村、颜庄街道澜头村；章丘区官庄街道的朱家峪村，文祖街道的大寨村、东、西田广村、黄露泉村，普集街道的龙华村、于家村、袭家村，相公庄街道的十九郎村、梭庄村，曹范街道的叶亭山村，刁镇街道旧军村，双山街道的三涧溪村；长清区孝里街道南黄崖村、北黄崖村、岚峪村。这些传统村落各具特色，或以红色文化见长，或以泉水盛名，或以传说故事而独具魅力，都是宝贵的不可再生的文化资源。

　　传统村落的保护与传承是动态的，只有以用促保，才能增强传统村落保护发展的内生动力。随着传统村落保护工作的开展，很多传统村落焕发出新的生机。各村在挖掘整理村史、村志、建立村史馆、档案馆等基础上，着手优化乡村公共服务、改善人居环境和村民生活条件、发展乡村旅游，力争达到"农业强、农村美、农民富"的乡村建设要求。如南部山区西营街道黄鹿泉村、天晴峪村，在保护和修缮传统建筑的基础上，建立"孩子小镇"，打造特色民宿，不仅吸引了外出人员返乡就业，而且实现村民在家门口上岗工作，迈出传统村落活化利用的坚实一步；其他传统村落坚持在保护中发展、在发展中保护，盘活优化村落文化资源，让更多历史文化遗产活起来。

　　传统村落蕴藏着丰富的自然生态景观资源与历史文化信息。走进传统村落丛书均以大量的第一手田野考察资料为基础，甄选出一些人文形态完整、历史遗存丰厚的具有代表性的传统村落，力求传承优秀传统村落的乡韵风貌，记录泉城的青山绿水和美丽乡愁，为传统村落的有效保护、修复建设和发展等提供参考依据，为现代城乡规划、美丽乡村建设提供借鉴，为推动泉城乡村振兴、增强文化自信贡献力量。

济南市住房和城乡建设局

壹

石匣村：相传汉代名相的归隐处

1. 地理环境与历史沿革

石匣村隶属于济南市南部山区管委会柳埠街道办事处，距离柳埠街道驻地4.5千米，东临外石村，北靠103省道，西接子房洞景区，南与灵岩寺景区毗邻，位于南部山区省级旅游度假区的核心区域，旅游区位优越，交通便利。

石匣村坐落于泰山山脉北麓的半山腰上，平均海拔300米以上，是典型的低山丘陵地貌。村子北依锦阳川河，村境内有子房庵水库，属于山区气候温凉湿润。境内山丘林立，有铜壁山、登云岭、牛尾巴岭、攥头山等大小山头，岩石地质以变质岩、石灰岩、花岗岩为主。

据史料记载，石匣村始建于明朝洪武二年（1369）。张氏早居于此，因建村在形似匣子之处，且石头遍布全村，故起村名作石匣村。石匣村为张姓宗族聚落，有90%的村民都是自称为张良后人的张姓族人。

石匣村盛产珍珠油杏，也称石匣珍珠杏，自2008年开始，珍珠油杏被大面积种植在石匣村周边山地，形成了千亩珍珠杏基地。这座隐藏在山里的小村庄，于2019年被列入第五批中国优秀传统村落名录。

图1.1　石匣村在清道光十九年（1839）《济南府志·济南府属总图》中的位置（此图据原图着色）

图 1.2　石匣村周边丘陵地貌图（2022 年摄）

2. 村落空间格局

　　石匣村村域总面积约 1.3 平方千米，分新、旧两处村址，旧址在半山坡上，占地面积 50 余亩，地势西南高东北低。自 1978 年以来，在村支书的带领下，石匣村村民陆续从旧村搬往 1 千米外北侧山脚下海拔较低的石匣新村。

　　石匣村布局依山傍势，古街巷随地势变化，形成纵横交错的石板街路网格局。传统院落沿主要石板街两侧呈南北狭长分布，与自然环境相融合。石匣旧村内传统建筑面积约为 3438 平方米。

图 1.3　石匣村街巷多用石块铺设，民居更以石砌为主（2022 年摄）

图 1.4   石匣村历史文化要素分布图

3.村落典型历史建筑

　　石匣村景色宜人，周边旅游资源丰富，历史文化要素多分布在村附近的山峪内，村落为数不多的传统建筑集中在老村，较为著名的有张良墓、子房庵、熨斗泉、风斗泉、子房庵水库、土地庙、张俊世民居院落。

图 1.5   石匣村高低错落的民居手绘图（薛鑫华绘）

图 1.6　三座方形石砌墓呈"品"字形排列，保存完好（2022 年摄）

　　张良墓位于新村以西的一个山峪之中，同另外两座石砌墓呈"品"字形赫然立于杏树之下。三座墓的下半部分都是石砌方形，中间石砌墓的上半部为由下至上逐渐收缩的塔形，另两座的上半部则是半圆柱体。根据村中老人的说法，左为张良墓，中为黄石公墓，右为尹宗墓。传说汉代名臣张良和黄石公曾在这里下棋，树叶一会儿绿一会儿黄，等下完棋下山，才发现人间已经过了好几百年。而《汉书》上也记载着，张良死后葬于济北谷城山下黄石处。

图 1.7　墓旁竖立着清光绪十六年（1890）修建的"万古流芳"碑，碑文较为清晰（2022 年摄）

图 1.8　墓旁的金代石碑破损有裂痕，只能辨别出"泰山元阳子张先生坐化"几字（2022 年摄）

图 1.9　子房庵遗址如今已被杂草占据，仅剩三堵残损的石墙（2022 年摄）

　　张良墓旁立着一块光绪十六年（1890）的"万古流芳"碑，上面写道："张公名良，字子房，长清卢乡人也。始焉受书于黄石公，继焉为相于汉高祖，其高见卓识非二人所能及也。"张良辞官云游后，曾在锦云川附近的子房洞修炼，"代远年湮，旧址仅存，有黄生士谨者曾重修之，惜功未成，而人去世。其事遂半途而废"，后来幸亏"汤家庄有生名芳芝字华三者"触目感怀，又重修了此墓。看碑文落款，是"贡生王怀礼撰文并书丹""周华三重修敬立"。碑应是该村先祖在明末清初迁来此处时修建的，有认祖归宗的含义。

图 1.10　熨斗泉泉池由石头垒砌而成，目前仍在使用（2022 年摄）

图 1.11　为保证水质，风斗泉泉口已被用石块封堵（2022 年摄）

图 1.12 供石匣村民使用的子房庵水库（2022 年摄）

图 1.15 庙前 2015 年竖立的重修土地庙捐款碑（2022 年摄）

　　然而，清光绪年间离张良的时代太远，而其旁边有另外一块金代石碑，碑文虽已漫漶不清，却能看出石碑上刻着的"泰山元阳子张良"几个字。该碑文在《金石录》中可以查到，全名为《金天眷元年泰山元阳子张先生坐化碑记》。据该碑文记载，张良墓中所葬之人并非汉初的张良，而是一位道号为元阳子的张姓道人。据说，这位元阳子不贪名利，随世化人，活了 110 多岁，最后得道成仙。子房庵位于张良墓后方，据村里的老人说，子房庵有500 多年历史，里面原来塑着 13 尊神像，后因种种原因，如今只剩 3 堵残缺不全的石砌墙孤立于子房庵遗址之上，杂草丛生。

　　熨斗、风斗二泉位于张良墓去往子房庵的必经之路上，与子房庵相邻，金代《名泉碑》、明代《七十二泉诗》均有著录。熨斗泉被列入"济南七十二名泉"，泉池上窄下宽，呈"口"字形，

图 1.13 重修的土地庙（2022 年摄）

图 1.14 土地庙内供奉的土地爷土地奶奶神像（2022 年摄）

上口宽 1 米，池内宽 3 米，深度为 5 米。泉水常年保持在一定水位，因水温高如熨斗而得名。现在还流传着一首《熨斗泉》诗："水温灼人如熨斗，山峦古柏竞争秀。张良黄石在下棋，尹宗看棋成道友。逍遥自在把茶盏，入迷观棋决胜负。谁知山中方一日，千年已过扁担朽。"子房庵水库位于新村以西的山峪入口处，是由熨斗、风斗二泉流淌成湾、溢出而成的。水库处于幽静山林之中，水质清澈，无污染，是村民重要的生活水源。水库上曾架有仙人桥，桥旁设石棋盘，传为黄石公、张良对弈处，如今已不复存在。

图 1.16　依地势而建的石砌传统民居（2022 年摄）

土地庙位于旧村入口道路旁。庙前立着一块 2015 年重修土地庙的捐款碑。庙基座以石头垒砌，上部均用水泥建成，在建造过程中预留了拱形门窗洞，形制简单。庙内供奉着土地爷的神像。

石匣旧村民居保存得较完整。受山地限制，民居之间的联系主要通过村中坡度较大的道路，这些道路连接了每家的主要出入

图 1.17 石匣村废弃的全石或土石结构民居，羊群在其间自由穿行（2022 年摄）

图 1.18 石匣村主街旁高高垒起的石头台基，在台基处留有排水口（2022 年摄）

图 1.19　张俊世民居的西厢房，块石垒砌规整，有着石匣村建筑的显著特点（2022 年摄）

图 1.20 石匣村内散布着石槽、石碾等用具（2022 年摄）

口。房屋大多依山势高低而建，许多地势高的民居建筑都采用了"夷高地为平台"的方式，即将地势高的地方经过人为挖低平整，再建房屋；如果在地势低处建造房屋，就会将地基垒得高若城墙。石匣村的房屋多以黄草做屋顶，墙体用形状不一的石头干垒而成，中间没有东西固定。房屋内墙面用麦秸泥抹面，外观粗犷，冬暖夏凉。少数房屋采用石材筑基，以土坯砖或掺入碎石块和麦秸等

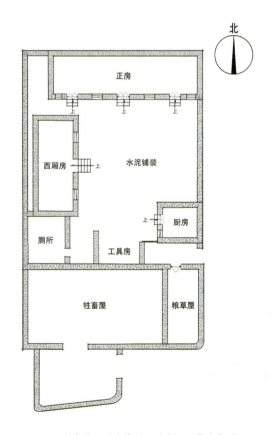

图 1.21 张俊世民居院落平面示意图（薛鑫华绘）

图1.22　张俊世民居房屋入口处，采用毛石干垒砌法，别有风韵（2022年摄）

农作物的土料做墙。由于黄草易腐烂，使用寿命不长，村内现存建筑大都缺失屋顶，只剩石墙体和部分土坯墙体。

　　张俊世民居院落选址在坡度较缓的山地，是由北屋、西厢房、东南角饭屋及南杂物间组成的独栋民居，院落空间宽敞，入口有用木条编织的简易篱笆门，位于院落东南角。主屋与西厢房台基均高于院落地面，可御潮防水。主屋室内地坪高出室外45厘米，窗台以下墙体保持规整的石头结构，窗台以上被改为砖墙，门、窗已被换为现代铝合金材料，屋顶也由原来的黄草换成红瓦，其他房屋的建筑材料仍为石头。西厢房面积略小于主屋，现仍保留着原始木窗，木门缺失仅剩门框，黄草屋顶缺失。西厢房已无人

图1.23　依旧保留着的土灶台和多种传统用具（2022年摄）

图 1.24   由主屋、厢房、矮墙围合成的 "L" 形院落格局（2022 年摄）

居住，现用于放置杂物。东厢房为饭屋，屋内还保留着土灶台，灶台下的风箱也保存得完好。南面杂物间为半围合空间，里面整齐地堆着烧火用的蜂窝煤、柴火。村内部分民居建筑呈 "L" 形格局，这种院落布局多建在主路两侧空间较为开阔处。 "L" 形院落空间较大，但布局简单，多由主屋与西厢房围合而成，院墙用大小不一的石块垒砌而成。主屋地基用石块垫起，与厢房存在高差，窗台与窗梁均为长石板。目前主屋门窗已被乱石封堵，不再使用。

图 1.25   张俊世院厨房立面手绘图（薛鑫华绘）

图 1.26　村内废弃的民居建筑上随处可见残存的木门窗（2022 年摄）

4. 村落民俗生活与非遗传承

　　石匣村四面环山，村民依山地之便采石建房。为进一步了解石匣村民居建筑的建造工艺，我们对石匣村 74 岁的老石匠王忠礼进行了访谈。王忠礼并没有像大多数石匠一样拜师学艺，而是跟着同村石匠边干边学，自己慢慢摸索学会了石匠手艺。石匣村盖的大部分房子都有王忠礼的参与。

　　据王忠礼介绍，过去村里的土坯房很少，基本是石头房。盖房时村民之间都会互相帮忙，盖一座石头房，至少需要一二十人。

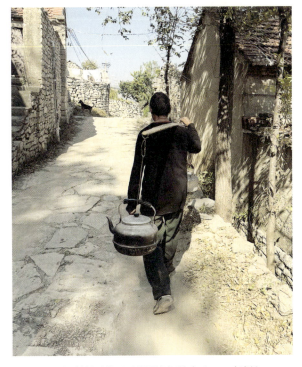

图 1.27　石匣村村民依旧习惯用扁担挑水（2022 年摄）

图1.28 全石砌筑的民居，腰线下是完整的料石（2022年摄）

　　盖房子用到的石头，主家需花钱请石匠从附近山上开采，再用小推车将石头从山上推到建房处。最初开采的石头通常大小不等，需要凿砌规整后才可使用。因人工凿石非常耗时，所以过去盖房时间也相对较长。据王忠礼回忆，在他刚记事时，村里有户人家要盖3间石头房，十几个人用了三四个月时间才完工。

　　石匣村传统石砌房石墙体厚实，采用"干碴"建造手法，石块之间的衔接缝隙不需做填缝处理，只需在石墙体内墙面涂抹一层1厘米厚的麦秸泥即可。有钱的人家会比较讲究，在涂抹麦秸泥后还会再涂上一层白灰，使墙面显得整洁光滑。村内民居屋顶过去多铺设黄草，铺设黄草时，在梁架上先放置好檩条，再铺上一层苇箔，苇箔上涂抹黄泥，最后再将黄草层层错落铺盖。铺上黄草后，还要用葛条将黄草系紧，以防散乱滑落。铺草通常要十几个人一起合作，大概一天时间便能铺好3间屋顶，1间屋顶约需1500斤晒干的黄草，才可防风防雨。由于硬山屋顶倾斜度较大，时间久了，黄草易下滑，所以每年春天，村民都要修理一次屋顶，用耙子把黄草往上推。平时如果出现屋顶破损漏雨问题，村民就会在漏雨的地方铺上新草。现在老村的石房屋顶大多已塌陷，但石头墙体依旧坚固。

图 1.29　深秋柿树手绘图（李春绘）

黄鹿泉村：
南山后花园中的泉水村

1. 地理环境与历史沿革

　　黄鹿泉村位于济南市南部山区管委会西营街道办事处驻地北5.2千米处,距离济南市区约30千米。村域北侧紧邻高速出入口,港西路从村庄西侧穿过,交通便利。

　　黄鹿泉村三面环山,为山地丘陵地形。周围建有大量梯田。村域范围内高差较大,呈东西高、中间低的走势。其中村域东部山体最高,约为677米,港西路附近最低,约为350米。现村庄建设用地主要位于中部平缓地带。

图 2.1　黄鹿泉村域环境图,乾隆《历城县志》云:村"在西营北,云河一带之水大半给此泉,其流经擒口峪入锦绣川。"

　　黄鹿泉村内主要植被为杨树、槐树、梧桐、松柏、红叶树及各类果树,主要粮食作物有玉米、小麦等,主要经济作物有果树、花椒等。

图 2.2　黄鹿泉村全貌远眺

村庄在古时候称为"黄栌泉"，明崇祯、清乾隆《历城县志》云："在西营北，云河一带之水大半给此泉，其流经擒口峪入锦绣川。"今为东西向二泉。相传古时此地人烟稀少，林木茂密，常有黄鹿来此饮水，故名黄鹿泉村。村内泉眼众多，村庄北面有龙湾水库，自然环境资源优越。

2.村落空间格局

黄鹿泉村北邻南龙湾村，南邻石岭村，老峪村、积米峪村在其东侧。村中有沟渠自北向南穿过，大片农田以沟渠为中心，分布在东西两侧。村庄内部交通主要依托东西向主路及若干支路形成连接。村内主要道路已实现水泥硬化，居民住宅分布在主路的南北两侧，道路较宽阔，周围建有石墙。支路则以主路为中心向四周蔓延，多为南北走向。由于地势高低不平，黄鹿泉村内支路大多为土路，道路狭窄弯曲，相互连接，通向每家每户。

黄鹿泉村内泉眼众多，以黄鹿泉、老泉、西泉为主要泉群，另外还有一些不知名的小泉眼。黄鹿泉位于村落中心处，泉眼周围多山石，泉水自山石缝中涌出，源源不竭，清而明澈。日月泉位于黄鹿泉西侧，泉口处写有"日月泉景楼"字样，亭子中有一口老井，井口处呈"日"字、"月"字形，分别代表太阳和月亮，因此，井被命名为"日月井"。目前，井台台面已重新铺设，但保留了过去的铁辘轳和石质台架。老泉位于村东山沟内，是自然形成的泉眼，常年有水，泉眼深达20米，夏季有水自底部冒出。西泉位于村西南山坡道路旁，距村落有一定的距离。

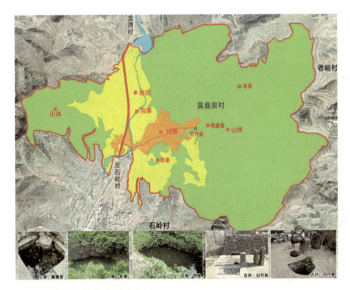

图 2.3　黄鹿泉村内泉眼分布图

图 2.4　黄鹿泉村口牌坊，大红灯笼高高挂起（2023 年摄）

图 2.5　修缮后的日月泉，井口形状为"日""月"字形（2023 年摄）

图 2.6　黄鹿泉村内部分道路仍为较狭窄的土路（2022 年摄）

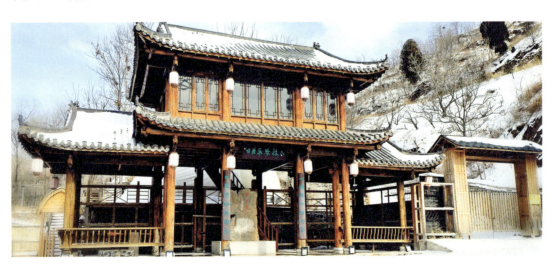

图 2.7　修缮后的日月泉（2023 年摄）

3.村落典型历史建筑

　　黄鹿泉村内最初的居民为王氏，是从历城董家王辛（新）迁居至此的。村庄最早在东部建设，慢慢向西发展。黄鹿泉村周围多山，村落东西高、中间低，房屋依地势而建，形成高低错落的建设格局。村中民居建筑可分为全石砌民居和土石混合结构的土坯民居，建筑形制多为"合院"结构。其中，土石混合建筑为石房基、土坯砖墙体。屋顶多为硬山坡屋顶，里层采用苇箔、檩条做支撑，外层采用瓦片封顶。窗户为木制方格窗棂。木制对开屋门建在石台基上，一般为对开的木制门，在大门两侧嵌有腰枕石。

　　土坯房一方面建造成本较低，具有良好的保温功能，另一方面，村内大部分房屋墙面都出现了不同程度的损毁、风化等现象，尤其是土坯墙体多已坍塌、脱落。村民为了加固房屋，在原有传统建筑的基础上对房屋做了不同程度的改造，过去的草屋顶现已不复存在，被改成了大红瓦顶。对原有的传统土坯墙体，村民多使用红砖对破损处或整个墙面进行了重修处理，以增加其坚固性。除土坯墙民居之外，村内民居还有很多全石砌筑的石砌房。村民在砌筑石砌房的过程中，将石块按照契合点垒筑成石墙体。这种墙体厚实坚固，墙面错落起伏，有着粗犷自然之美。随着时间推移，目前石头墙已成为黄鹿泉村内传统建筑的特色之一。

图2.8　黄鹿泉村内传统的土坯民居所剩无几（2022年摄）

图 2.9　雪后的黄鹿泉村（2023 年摄）

图 2.10   张书朋宅院建于 20 世纪 50 年代土石结构住房，是村里现存最早的住宅之一，保留传统的石基土坯房，茅草屋顶（2022 年摄）

黄鹿泉村内现存住宅整体呈南北朝向排布，建筑风格为红瓦灰墙，无过多装饰，且以一层建筑为主，主要为瓦房；二层建筑主要分布在港西路两侧；三层建筑较少，且分布零散。

黄鹿泉村内比较有名的历史建筑有灵佛寺，还有 20 世纪 50 至 70 年代的传统民居，如张书朋住宅、张书亮住宅和魏一荣住宅。

灵佛寺，建筑年代不详，位于村庄东北部，是村内至今保存得较好的一处公共建筑，面积约为 109 平方米。目前该建筑已被翻修，庙顶用红瓦铺设，庙院墙体用红砖垒砌成镂空墙体样式。院内有神台，是村民日常主要祭拜、供奉之处。

图 2.11   张书朋宅院大门是山区特有的大车门，中间的立柱可以拆卸便于推车进出（2022 年摄）

图 2.12　1962 年建造的张书朋宅院墙体部分则用土坯砖砌筑而成，屋顶和部分墙面已经采用红瓦、红砖修复（2022 年摄）

张书朋住宅，建于 20 世纪 50 年代，位于村庄东北部，至今保存得较为完整，距今已有 60 余年的历史。院落坐北朝南，面积约为 171 平方米，土石混合建筑，石墙基，土坯墙体，红瓦硬山顶屋顶，木制门窗，整体装饰简洁。

张书亮住宅，建于 1962 年，房屋坐北朝南，为一层"合院"式建筑，建筑面积约为 270 平方米。住宅大门经过重修，现主要以红砖砌成。房屋侧面以青石为基，土坯砖垒砌成墙。村民在砌墙时大多选择黏土作为建墙的主要材料，另外还会掺入稻草、秸秆等。张书亮住宅的土坯房外层墙体无泥浆抹面，房屋整体露出整齐排列的土坯砖样式。

图 2.13　张书朋宅院的大车门细部（2022 年摄）

图 2.14　张书朋宅院的靠山影壁（2022 年摄）

图 2.15　黄鹿泉村内还保留部分的石墙（2022 年摄）

　　魏一荣住宅，建于 1971 年，房屋坐北朝南，建筑格局为"合院"形制，面积约为 270 平方米。建筑整体是石木结构，屋顶为一层坡屋顶，以红瓦覆盖，石墙体。住宅空间布局充分体现了黄鹿泉村石砌房传统民居建筑的特色。

4. 村落民俗生活与非遗传承

　　黄鹿泉村经过发展改造，已成为新农村建设的典范。以"孩子小镇"为代表的一批项目，为黄鹿泉村的发展提供了源源不竭的动力。

　　"孩子小镇"是"山景小镇田园综合体"核心内容之一，项目占地 4000 余亩，自 2018 年开始建设，项目包含儿童无动力游乐设施、戏水乐园、树屋等文旅设施，水乐园、树屋等文旅设施，

图 2.16　魏一荣住宅建筑立面手绘图（王琦绘）

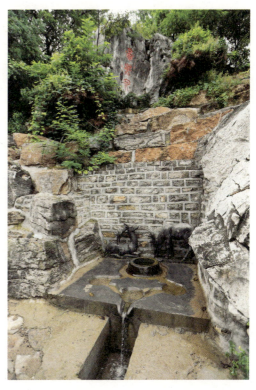

图 2.17 黄鹿泉原貌（董希文摄）　　　　　图 2.18 整修后的黄鹿泉失去自然的风格（董希文摄）

是集民俗特色旅游、精品民宿等一、二、三产结合的田园综合体。根据黄鹿泉村现有资源和特点，山景小镇田园综合体的总体方向是三产融合，叠加农业、文旅和社区功能，开发"泉水文化旅游""山村文化旅游""山村民宿旅游"项目，规划设计黄鹿泉村为核心区，石岭村为民宿区，南龙湾村为餐饮区，构筑 1+2 格局，是一个集观光旅游、休闲度假、餐饮住宿、农事体验于一体的复合宜居空间。

黄鹿泉村利用村内泉眼众多的优势，在孩子小镇内建设了多处水上游乐设施。据村民讲述，黄鹿泉村早年是一个穷山村，村民通过种植农作物取得的收益较少。因此，村中大部分村民都会选择进城打工。由于村内交通闭塞，村民来回一趟需花费两个小时左右的时间。而在孩子小镇建成后，村民生活发生了很大转变，例如小镇内建设了一系列统一风格的住房，美化了村内周围环境，吸引了游客前来打卡观光。同时，小镇的建设也为村民提供了大量就业机会，如保洁员、保安、项目管理员等岗位，使得村内部分贫困户以及五六十岁的老人在小镇就能实现"家门口"就业。在农业方面，小镇建设了智慧大棚农业、特色林果种植产业等，通过科技手段帮助村民完成了脱贫致富。

叁

天晴峪村：
唐王东征留村名

1. 地理环境与历史沿革

　　天晴峪村位于济南市南部山区管委会西营街道，四面环山，地势东西高，中间低，村域内最高点位于西北部，约 710 米。周围有七星台万亩植物园、九如山生态瀑布群等风景区。

　　天晴峪村全村共 285 户，755 人，总面积 3000 多亩，其中耕地面积 1100 亩、林果面积 1000 多亩，林果资源充足，有良好的生态环境，是一个传统的农业特色村。天晴峪原名天青峪。村庄建于山峪中，峪中岩石丰富，多木鱼石，这种岩石颜色呈黑红色，深黑泛红即为天青。村民多使用这种岩石砌筑房屋、石墙。因这种岩石色彩独特，村民便以其名峪，即天青峪。清乾隆《历城县志》中记载："东南乡南保泉三：天青峪"，后谐音称为"天晴峪"。

图 3.1　村落位于峡谷之间，景色幽美（2022 年摄）

　　天晴峪村名的由来还有一个传说故事。据传当年西营曾是李世民东征时的古营地，兵马翻山越岭，疲劳不堪，加之天气阴雨绵绵，大部分官兵感染疾病，李世民甚是担忧，不禁仰天长叹：莫非天要亡我？但就在军队到达一个谷口时，满天乌云突然消失，天空放晴。这时李世民转忧为喜地说道："真乃天助我也，此谷就叫'天晴峪'吧。"本村由此得名。

图 3.2　天晴峪村地处峪内，四面环山植被茂密（2022 年摄）

2. 村落空间格局

天晴峪村村落格局为错落式结构，整个村庄依山而建，整体呈三角形。由于地势原因，村内街巷起伏不定，内部道路可划分为主要道路、次要道路及仅可步行道路。

天晴峪村内的主要道路为南北走向，自村中心穿过，连通外界；次要道路沿村落边缘修建，蜿蜒曲折，较狭窄，最窄部分仅可供两人并排行走。这些道路多用青石板铺设，少数为土路，宽窄不一。在青石板路中间修建有石阶梯通向山坡，两侧密布树木花草。仅可步行道路主要分布在村落北侧，大多用黄土、石头铺设，狭窄崎岖。

天晴峪村地势起伏不定，村内建筑根据地理环境形成高低错落的空间布局。

图 3.3　天晴峪村依山而建，景观视线极佳，在村北的院落可以清晰看到山上红叶（2022 年摄）

图 3.4　典型的天晴峪传统民居及街巷（2022 年摄）

3.村落典型历史建筑

　　天晴峪村的传统民居形制以传统合院式为主，院落围墙与民居山墙相连，构成密闭性较好的院落空间。因村内岩石资源丰富，村民在建造房屋时多用山石做基，用土坯筑墙，建成石基土坯房。天晴峪村至今还保留着几十栋建筑风貌较好的百年老屋。这些房屋墙体大多由土坯垒砌而成，有的墙皮已经剥落，露出里面的土坯砖。受经济条件限制，民居院落大门普遍简陋，无木、石、砖雕装饰。

　　建造民居的土坯砖也叫土墼砖，是村民建房时使用的主要材料。土坯砖的制作过程相对简单：首先，选择黏性较好的黄土作为基础原料，将麦秸、干草捣碎掺入，加水搅拌；其次，在平地

图 3.5　天晴峪村传统建筑立面测绘草图（王琦绘）

图 3.6　天晴峪村 163 号典型传统民居门楼（2022 年摄）

上放置好木质模具，将调好的黄土材料填入模具中，用夯锤砸实，夯平实后进行脱模，放置空地处阴干；最后，将阴干后的一个个土坯砖竖向错开摞好晾晒，待砖块干透后即可用来砌筑墙体。虽然这种土坯砖的做法非常简单，但是一项高强度的劳动，通常需要两个人搭配干活。土坯砖作为过去农村建房时最常用的建筑材料，各地做法均有不同。

　　除土坯房外，天晴峪村内还有一小部分墙体是毛石墙。这种

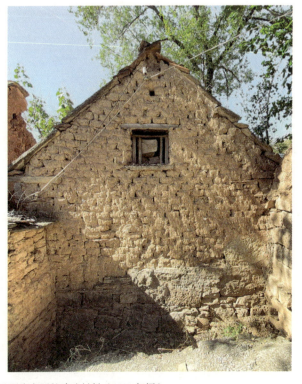

图 3.7　天晴峪村的石基土坯房，主要采用土坯砖、毛石为主要的建造材料（2022 年摄）

图 3.8　秋天是天晴峪村最美的季节，村内随处可见红叶尽染（2022 年摄）

墙体大多由红砂岩、木鱼石和石灰岩垒砌而成。为了降低砌筑成本，这些石块不需要被过多地精细加工和打磨，石块大小不均，形状不规则，垒砌成的墙体凹凸不平，石块之间的缝隙也疏密不一。为了增强墙体的稳定性，村民们就用较小的石块或者薄石板在缝隙或不平处进行垫稳处理，最终形成稳定且坚实的毛石墙。

由于毛石砌筑的墙体稍显杂乱，不如方正石墙的缝隙规矩整齐，所以毛石墙又被称为"虎皮石墙"。因毛石墙具有建筑成本低、

图 3.9　天晴峪村内不规则石块砌筑挡土面（2022 年摄）

图 3.10　天晴峪村传统建筑立面手绘图（王琦绘）

做工简单等优点，它也成了很多普通家庭的首选。

　　天晴峪村现存的上百年的传统民居主要是土坯房，一些保存得较好的土坯房还保留着草屋顶。这种草屋顶一般用当地出产的黄草铺设而成。每年在黄草微黄水分快干的时候，需要建房的村民就在山里或乡野田间收割大量的黄草，再对其进行晾晒和整理，扎成捆放置好。在上梁仪式完成，搭建好檩条、铺好苇笆后，就是铺屋顶的过程。用黄草铺设屋顶，是一项技术性很强的活，从轧草、传草、铺草等过程都需要建房者之间的默契配合才能完成。将整理整齐的黄草铺设在屋顶时，需要层层叠合相压，叠合得越厚，屋面也越厚，其保温隔热的效果也就越好。因山区缺砖少瓦，对草屋顶进行加固时，就在铺好的屋面的正脊和垂脊处用石材压

图3.11　天晴峪村木鱼石（2022年摄）

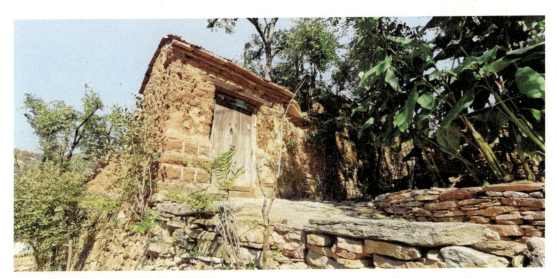

图3.12　天晴峪村传统民居门楼（2022年摄）

图3.13　"天晴院子"民宿仍保留着传统四合院的布局（2022年摄）

图 3.14　天晴峪村内民宿天晴院子（2022 年摄）

图 3.15　天晴峪村对着巷口的泰山石敢当（2022 年摄）

图 3.16　天晴峪村内根据山势曲折变化的胡同小巷（2022 年摄）

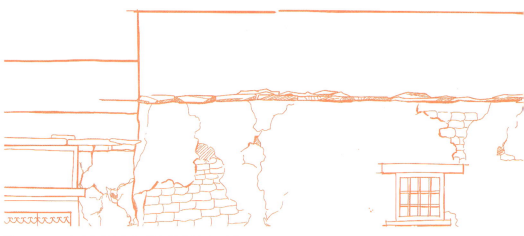

图 3.17　1958 年建的公社食堂手绘测绘草图（王琦绘）

边，防风挡雨。

除典型的百年老屋外，天晴峪村至今还保留着公社食堂和杨柳古井等传统建筑及历史文化遗迹。1958年，全国掀起了"人民公社化"运动，各地都兴办食堂。天晴峪村一座错落有致的院落也成了全村的公社食堂。

该公社食堂整体以土石结构为主，青石房基，土坯墙体，麦秸草泥抹面，硬山草房顶，木架梁。公社食堂的大门也是石基土坯墙，石板屋檐，双开扇木门坐落在门枕石上，门前两层青石台阶，台阶前是岩石铺设的石板小路。受传统建筑材料所限，公社食堂的墙体已出现较为严重的损毁、风化等现象，尤其是草房顶

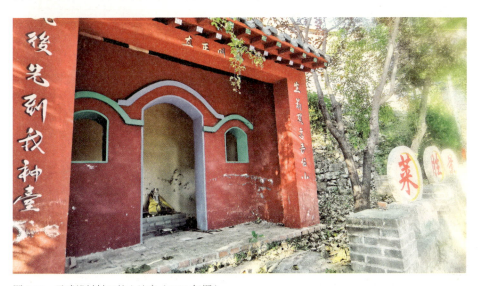

图 3.18　天晴峪村村口的土地庙（2022 年摄）

已坍塌、腐烂。但建筑墙体上仍有保存完整的拴马石。为了加固建筑，村民就在原有建筑的基础上对房屋做了一定程度的改造，过去的草屋顶现已用彩钢瓦修复。

天晴峪村口处有两口古井，相距30多米，井口分别为方形和圆形。在井口上方还有一座造型别致的石雕，十分抢眼。石雕上半部分是工匠在一块2米见方的青石上凿出的直径半米的圆，

图 3.19 天晴峪村传统民居中保存完好的木棂窗（2022年摄）

图 3.20 天晴峪村传统民居 2015 年曾列入山东省乡村记忆文化遗产工程（2022年摄）

图 3.21　天晴峪村村民仍保留用石碾压小米脱壳的传统（2022 年摄）

上书"杨柳古井"，周围雕刻着精致的花纹。

　　杨柳古井对面的山坡上建有一个小型的土地庙，高不足两米，朱红庙身，小灰瓦屋顶。庙中供奉着土地公和土地婆，庙宇上刻楹联一副，上联为"生前莫言吾位小"，下联为"死后先到我神台"，横批为"聪明正直"。

4. 村落民俗生活与非遗传承

　　天晴峪村优美的生态环境吸引了对生态环境要求极高的黄岩蜂前来寻花采蜜，因此，天晴峪村盛产黄岩蜂蜜。黄岩蜂蜜清香甘甜，营养价值高。

　　济泉生态园包括济泉文化长廊、蜂产品生产区、蜂蜜养殖区、蜂产品宣传区等，为天晴峪村内及村外各地市民提供了学习蜂产品、了解养蜂知识的地方。游客可带领孩子前来参观蜂蜜制作的加工流程，了解蜜蜂生活习性，品尝不同种类的蜂蜜，体验蜂蜜的生产工艺。

肆

凤凰村：

山峪中神秘的『三不见』村

1. 地理环境与历史沿革

凤凰村位于济南市南部，隶属于济南市南部山区管委会仲宫街道。村庄东距兴隆立交枢纽约 6 千米，西距省道 103 线和济南市绕城高速济南南出入口仅 4 千米。

凤凰村村属及周边的自然景观资源十分丰富，依山傍水，舒适宜居。村子东侧有仲泉河，是一条季节性河流，沿村庄流入济南市大型饮用水卧虎山水库；省级旅游景点波罗峪、香山寺景区距凤凰村仅 4 千米；在村属大孤堆山顶上还可以遥望泰山山峰。基于此，凤凰村是济南市生态农业旅游观光休闲的重点开发区域，是济南市南部山区"三川四峪"中"四峪"之一，也是山东省重点规划的仲宫镇新镇区驻地。

凤凰村初建于明代，相传村民由河北枣强县迁来此处定居。村庄所处地为丘陵地区，村落格局定型于约 400 年前。因村庄地处山峪，石头呈现"兔石窝"的样式，因此明代曾名"兔石窝"。明崇祯《历城县志》记载："函山路：……兔子窝。"清乾隆《历城县志》记载："正南乡仙台二：……兔石窝。"凤凰村也曾名"头石窝"，传说有一位神仙喝醉了酒一头栽在这里。民国时期，村民为求吉祥寓意，改村名为凤凰窝，民国《续修历城县志》有"泉路乡仙台二：……凤凰窝"的记载。新中国成立后沿称凤凰村。

村庄村域面积 1.25 平方千米，占地面积约 0.13 平方千米。

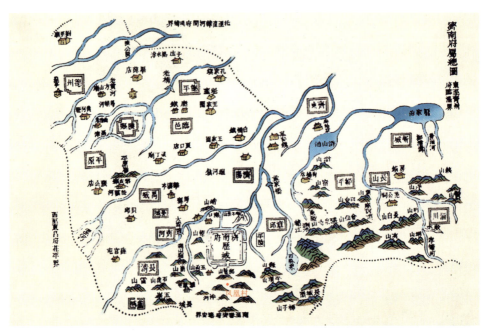

图 4.1　凤凰村在清道光十九年（1839）《济南府属总图》中的位置（此图据原图着色）

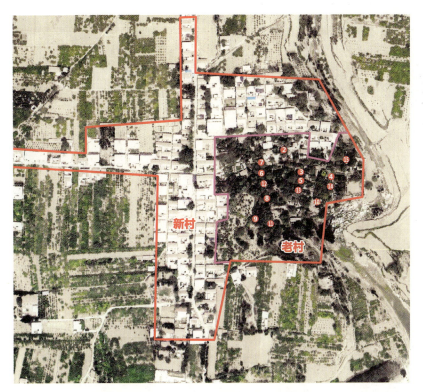

图 4.2　凤凰村分为新村、旧老村两部分，老村地势较低，林木茂盛

村庄分为新村、老村两部分。老村位于仲泉河西侧的崖底，从上往下俯瞰，形似凤凰。由于出行不方便，1949 年后陆续有村民搬迁至原有老村的西侧。村民主要有四大姓氏，其中何姓有 100 多户，王姓约 50 户，龚姓约 35 户，张姓约 15 户。村民主要以种植桃树、玉米、小米为主。

2. 村落空间格局

　　凤凰村的村庄布局分为两种不同的方式：新村主要沿村内南北向的道路集中布局，部分建筑向东西两侧延伸；老村则根据地形自由灵活布局。老村位于仲泉河断崖之下，由于村中所有的房子均低于崖面，远远望去根本看不到村庄，只有靠近之后，向崖下方走，才能发现村庄，因此，本地流传着一个"有庄不见庄"的说法。老村以官井为核心。官井就是村中公用的水井，所有人都能到这里取水、用水。凤凰村的街巷没有名字，村民互通位置说的是附近标志物，而不是街名。

　　在建设过程中，凤凰村的先人在村庄排水问题的解决上显示出了智慧。由于凤凰村的老村建在断崖之下，在雨水丰富的季节，

图 4.3　凤凰村在民国初期村民卖树筹资铺设的石板路（2022 年摄）

排水就会成为很大问题。凤凰村的先人在建设过程中，将水渠建在村庄的道路之下，水渠之间相互贯通，有效解决了村庄的排水问题。由于水渠有一人多高，以前孩子们会在桥下的沟渠里钻着玩。每条道路近似于一座桥，这是凤凰村"有桥不见桥"的建村特色。

老村东侧还有一个大水湾，周围都是众多大石头形成的峭壁，形态奇特。早前水大的时候，能形成瀑布。据村中老人说，大水

图 4.4　老村中心官井所在的位置。官井荒废前，村民常在此聚集（2022 年摄）

图 4.5　凤凰村瀑布水流量虽不大，但景致优美（2022 年摄）

湾是游泳、摸鱼的好去处，以前孩子们都在水湾中嬉戏、打闹。早前大水湾里立着两根石柱，所以也叫石柱湾。石柱的头据说很像两只猴子。而在水最深处，也就是大水湾的东北角崖底，因为经常会形成瀑布景观，水声隆隆，所以那个角落也叫大哗湾。凤凰村流传着有九个湾的说法，除大哗湾外，还有柳树湾、榆树湾、石湾子等，形成了村庄"有湾不见湾"的特色。

　　老村东南有一处瀑布，名为"凤凰村瀑布"。瀑布水量虽不大，但周边景色优美，近几年成为济南市民近郊游的好去处。

图 4.6　凤凰村瀑布旁的河滩水湾（2022 年摄）

图 4.7　石板路右侧是民居，左侧便是崖下的河滩（2022 年摄）

图 4.8　凤凰村传统民居大部分为全石到顶的砌筑（2022 年摄）

3. 村落典型历史建筑

　　凤凰村遵循依势而建、临水而居的建造原则，整个村庄采用本地石材建设，河沿上打来的石头就是最基础的材料。目前保留有近百户的石头房子，其中建在河沿上的民居同地形地貌融为一体，山区建筑风貌特色突出。在保留的石头房子中，一般采用坡屋顶建筑形式，屋顶上铺装灰瓦，建筑和院墙用石头垒筑而成。村中的房屋使用了干插缝的建造技术，历经多年雨水侵蚀，石头砌筑的房屋依然屹立不倒。

关帝庙原建筑已不存，现存在原址院落中的有两块石碑，一块较为完整的于清康熙五十三年（1714）雕刻而成，另一块残碑于清嘉庆二十五年（1820）雕刻而成。这两块碑皆为功德碑。据碑文记载，关帝庙建成于元末明初，清朝时经历两次修缮，香火遍及济南府及周边的人。"破四旧"时期，庙内神像被砸，关帝庙后又在"文革"期间被完全拆毁。关帝庙被拆毁后，原址上建了村中的小学，村委会也在此处办公，后因使用面积太小，将小学拆除，另寻他处建造小学，至此关帝庙原址完全荒废。据村中老人回忆，关帝庙未被拆毁前有主屋、东西厢房，均为三开间，院落内还有钟楼。关帝庙用青砖建造而成，建造技艺优良，外观较为精良。殿中供奉关羽神像，还有侍从分立左右。殿内的墙壁上绘有壁画。

龚广水院坐落于新村通往老村坡道旁。人们靠近了才会发现坡下有这样一处院落，这体现了凤凰村"有村不见村"的建造特色。龚广水院坐西朝东，用本地的青石砌筑而成，南北长 14 米，

图 4.9　关帝庙清康熙五十三年（1714）的　　图 4.10　关帝庙清嘉庆二十五年（1820）的功
功德碑（2022 年摄）　　　　　　　　　　　德碑（2022 年摄）

图 4.11　老村河沿旁的台基高大的民居（2022 年摄）

东西阔 27 米。院落外围由碎石堆砌而成，现存的建筑为一间主屋和一间厢房。大门位于院落东北角，檐下是一整块青石板，共有 3 层支撑，十分坚固。进门即可见厢房上的座山影壁。主屋为石砌房，两开间，进深一间，硬山屋顶，屋顶上铺青瓦，目前青瓦顶因年久失修，已不存。主屋与厢房檐下与下碱之间用麦秸泥抹面，有防风、保温的效果。主屋南、北两侧的墙壁上有方形的通气孔，气孔中间用薄石板一分为二，造型拙朴自然。

何福义院建筑保存得较为完好，主屋采用青石筑造而成，3 开间，进深一间，主屋两侧各有一间厢房。主屋檐下有用浅浮雕手法雕刻成的牡丹花石刻图案，中心花蕊与两层花瓣清晰可见。与主屋相对的还有一间倒座房，倒座房后经过重建，剥落的墙皮内见红砖。现院内建筑屋顶均经过修缮，已更换为红瓦顶。院落中间有一座夯土筑成的粮囤。

凤凰村中还保留着多座粮囤。粮囤一般位于院内一处的空地上，由麦秸泥砌筑而成，底座用方石砌筑，中间留有通风孔洞。粮囤高约 3 米，墙体上部开一小窗，长宽大约 0.5 米，可容纳一人进出，存取粮食。因开窗小、结构密实，粮囤具有良好的防潮、保温功能。粮囤顶部使用秫秸和木棍支撑，外面用麦秸草覆顶。现在所见的粮囤均已更换成了红瓦顶。

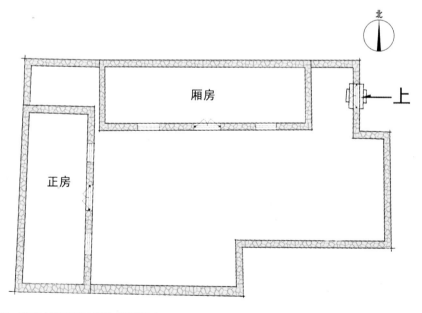

图 4.12　龚广水院平面示意图（柳琦绘）

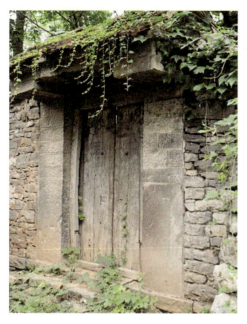

图 4.13　龚广水院大门，全石砌筑，较有特色（2022 年摄）　　图 4.14　凤凰村传统民居的大门手绘图（柳琦绘）

4. 村落民俗生活与非遗传承

　　凤凰村民俗以丧葬风俗和春节时的祈福、娱乐活动为主。

　　土地庙位于村东河沿的西侧，目前保留着土地爷爷的神位。拱形的青石洞口上的刻痕拙朴，洞口摆放着石质香炉，洞内安置有一尊 20 世纪 90 年代重塑的土地爷爷像。祭台由 2 块厚重的青石板堆砌而成。整个土地庙具有质朴自然的特点。凤凰村村民在此处进行"接三送三"的丧葬仪式。"接三送三"是说人去世以后，

图 4.15　何福义宅院为典型的合院式院落（2022 年摄）

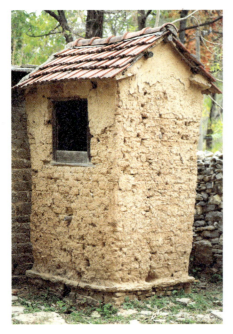

图 4.17　何福义院厢房（2022 年摄）

图 4.16　凤凰村幸存的土坯建造的粮囤（2022
年摄）

其亲人到土地庙磕头、烧纸、烧香，将逝者的灵魂接
回来。三天的最后一天再将逝者的灵魂送走。这三天
中，一日三餐都要送到土地庙，请逝者的灵魂"吃
饭"。从前，村里的河滩上还没有水，逝者的亲人就
跪在河滩上进行"送三"仪式。他们会准备一顶轿子，
请逝者的灵魂坐上轿子去往极乐世界。"送三"仪式
结束后，亲属才会发丧。过年时，村民也会到土地庙

图 4.18　凤凰村传统民居外立面手绘图（柳琦绘）

上香，一是寄托哀思，二是祈求新一年里风调雨顺、五谷丰登。

　　舞四蟹灯是村中老书记龚文先生于民国时期从济南北园学来的一种娱乐形式，后来逐渐成为凤凰村过年时的一项娱乐活动，直至20世纪90年代凤凰村不再举行该活动。四蟹灯虽名中带

图 4.19　秋日凤凰村瀑布旁保存完好的传统石头民居（2022 年摄）

图 4.20 土地庙,庙内神像为 20 世纪 90 年代重塑的(2022 年摄)

"蟹",而实无"蟹","四蟹"指的是鱼、鳖、虾、蚌 4 种水生
生物的形象。除此之外,还有小船造型的道具。村里的舞灯队伍
大年初四或初五出灯,延续到正月十五。据村中老人回忆,四蟹
灯有两个,一个大,一个小,村民轮班表演,不仅要舞灯,还要
表演剧情。

四蟹灯是灯彩道具舞的一种表现形式,20 世纪四五十年代
前,流传于济南市天桥区堤口路街道堤口庄社区、泺口街道、北
园街道及大明湖一带。四蟹灯的出现距今有 200 多年的历史。每

图 4.21 舞四蟹灯是一种带有表演性质的花灯展示活动,目前仅有堤口庄社区在坚持表演(2019
年摄)(图片来源:网络)

逢元宵节前后，济南有玩四蟹灯的习俗，表演时演员各饰以形象逼真、做工精致的"四蟹"灯具。此外，还有"打渔佬"1人和4个"水兽"。"水兽"一手持云彩灯，一手持三角绸旗，绸旗上分别绘有鱼、鳖、虾、蚌诸图形。

黄面窝窝是凤凰村过年时家家户户都会做的一种面食，用黄面蒸制而成，上面放红枣进行装饰，过年时每家都会蒸上十几箅子，也会分享给邻居。凤凰村以前不种麦子，村民就以玉米面为主食，玉米面窝窝也成了主要面食。如今，村民生活水平大幅提升，黄面窝窝早已成为村民家中常见的面食。除了黄面窝窝，凤凰村村民以前过年时还会做一种年糕，这种年糕用糯米和煮肉的汤制作而成。由于过去肉食是过年才能见到的"奢侈"食品，所以用肉汤制作的年糕也成了只有过年时才能见到的美食。

 伍

澜头村：

古韵澜头出进士

1. 地理环境与历史沿革

澜头村位于山东省济南市钢城区政府驻地西北约 9 千米处，村庄隶属于钢城区颜庄街道，北连北官庄，南接曾家庄，东靠埠东村，西邻南官庄。村域面积 3.5 平方千米，村庄面积 780 亩，耕地面积 1280 亩，山场面积 3200 亩。村落位置优越，交通便利，京沪高速从村东穿过，龙兴街从村中部穿越，可连接省道 332 线。

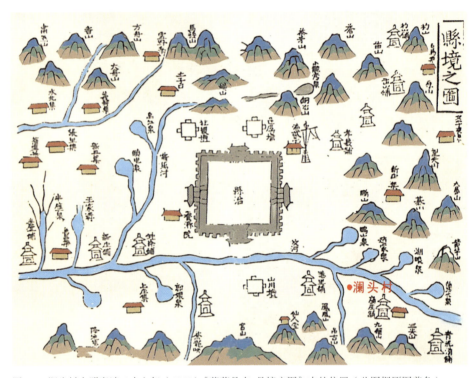

图 5.1　澜头村在明嘉靖二十七年（1548）《莱芜县志·县境之图》中的位置（此图据原图着色）

该村落处于鲁中泰沂山区莱芜盆地东南部，九龙山北麓的倾斜地带，为山地丘陵地质单元。村内有两山、一河、一水库和两岭。两山即花雨山、培头崮；一河即龙潭河，流入龙潭水库，并流经村西南而过；一水库即龙潭水库，位于村西；两岭即东南岭和西南岭。

澜头村建村历史悠久，明朝初年，山西省吴姓迁到此地建村。村庄因发源于卧虎山的龙潭河绕村而过，所以起名"拦头"，后来又因雨后洪水常现波澜，故更名为"澜头"。附近的曾家庄，清代从河北迁来的曾姓建村，后毕氏八世祖毕维樨从榆林前村迁来，形成村子大户。1955 年曾家庄与本村合并成"澜头村"。澜头村现有530 余户，人口 1600 余人，村内有 3 大姓氏：吴、刘、毕，还有李、孙、王、张、许、程、高、侯、许、徐、翟、陈、闫等 17 姓氏。

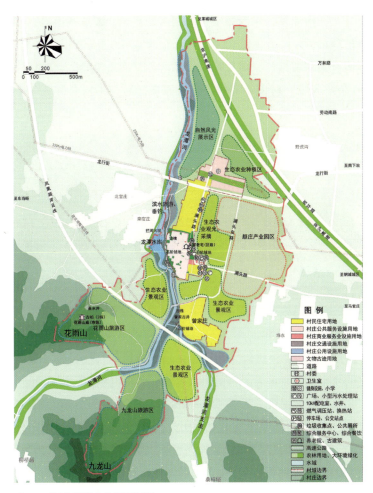

图 5.2　澜头村村落发展规划图

2.村落空间格局

　　村子坐落在花雨山、龙潭河东面的山岭上，沿丘陵有序铺
开，顺应自然地形而建。村庄整体地势北高南低、东高西低，呈

图 5.3　澜头村龙潭水库（2022 年摄）

带状分布，南北长，东西较窄。房屋多为瓦屋，院落顺山岭自然走势松散布设。村南北长 1000 多米，东西宽 100 米至 150 米不等。村西南有条季节性河，村民称作龙潭河。过河是西岭，西岭居住着 50 余户人家。村南岭有村庄称曾家庄，后与本村合并成一个行政村，并称"澜头村"。

图 5.4　花雨山山坡上正在牧羊的村民（2022 年摄）

"四最"是澜头村最好的写照：最有特色的自然风光、最有历史的乡土文化、最有风格的民居建筑、最有内容的民俗文化。

澜头村较好保留了明清时期的街巷肌理，大部分街巷宽度为 2 到 3 米，曲曲折折。街巷名称延续历史，如刘家巷、围子外巷、孙家巷，反映了澜头村深厚的历史文化底蕴。村庄建有南北大街 10 条，长约 1500 米，东西街道 6 条，随山岭走势略有弯曲。南北大街从南向北，呈阶梯形下降；东西街道从西到东呈阶梯上升。曾家庄建在南岭的斜坡上。街巷随民居院落布局建设，七拐八歪，宽窄不一。

澜头村民居院落随自然地形走势而建设，院落大小、间距没有规则，分布松散，高低错落，不成排列。全村院落大多是青石

图 5.5　澜头村保存完好的典型历史街巷（2022 年摄）

图 5.6　澜头村院落墙体由为石块夯砌而成（2022 年摄）

砌筑，集中连片呈现。部分草房是青石板做的封山梢头，房屋低矮，多数院落呈四合院建制。有的院落仅有北屋、厨房和栏圈，配有简易的顺墙大门。构成四合院落的民居大多都建于清朝。

在民国初年，由于兵荒马乱，村民们为保家乡平安，在村庄周围修建了围墙。围墙高约 4 米，宽约 3 米，为石头砌成。整个围墙分别设东、西、南、北 4 门，为防止土匪贼寇的侵扰起到了一定作用。村内至今保存完好的抗日战斗遗址"澜头抗日战斗遗址"，在纪念碑后边围子墙分布着很多大小不一的弹孔。

图 5.7　澜头抗日战斗遗址——"围子墙"（2022 年摄）

3.村落典型历史建筑

村中现存传统民居 50 多处，约占到澜头村建筑数量的 50%，村中有民谣称"颜庄阁子寨子楼，比不上沈家崖的屋斗斗，肖马庄的围子八丈高，够不着澜头的瓦檐头"。

花雨山别名万花山，因每年 72 场浇花雨得名，其海拔 500

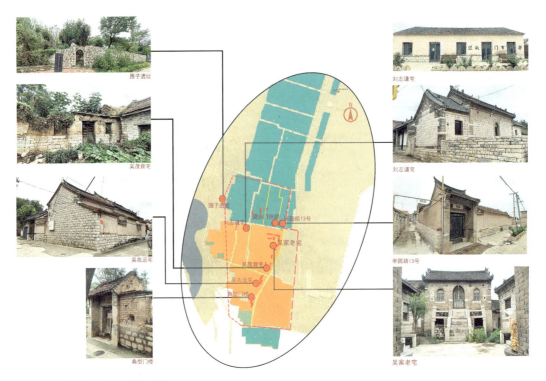

图 5.8　澜头村典型历史建筑分布图

图 5.9　石雕狮子　　　　图 5.10　石雕山羊　　　　图 5.11　石雕鸳鸯

图 5.12　花雨山庙内的文昌阁等庙宇（2022 年摄）

余米，山脉南接莲花山，东望汶河水。山上现存有庙宇、玉玺石、圣水井、齐鲁柏王、石大夫洞、滴水泉等众多景点，其中院内两棵巍峨挺拔的齐鲁柏王树龄 1000 年以上。

　　花雨山上建于明朝弘治年间的花雨山庙，占地面积 800 多平

图 5.13　坐落在西侧高台上的玉皇大帝庙，面阔 3 间硬山顶，南北两侧为王母阁（2022 年摄）

方米。明弘治年间有得道高僧云游至此，发现此地风水极佳，遂在此落脚，邀请附近村民共同建庙。清嘉庆年间重修。庙宇为红色的院墙围合，院内西侧高台之上建有玉皇大帝庙，建筑面阔 3 间，硬山屋顶。玉皇大帝庙南北两侧为王母阁，其建筑形制、大小相同。

图 5.14　花雨山庙内的元君殿（2022 年摄）

院落中有两棵 30 余米高古柏，有"齐鲁柏王"的称谓。院内还建有观音庙、关帝庙，供人们前来祭拜。院内《重修关帝庙铭记》《重修王母阁记》两块石碑，为清乾隆四十年（1775）立。北门墙上有 3 块残碑，刻有"弘治十三年知县冯……""儒释道流佛者遗今花峪泉邑……庵主德聪选低圆保……"等字样。花雨山庙每年的三月三都会举办春游会。游客移步换景，是春天踏青旅游的好去处。

图 5.15　庙内两棵柏树高达 30 余米，被誉为"齐鲁柏王"（2022 年摄）

图 5.16　功德碑（2022 年摄）

图 5.17　记事碑，1995 年立（2022 年摄）

图 5.18　"齐鲁柏王"石碑（2022 年摄）

吴家大院是省级历史优秀建筑，该建筑建于清道光二年（1822）。院主人是莱芜历史文化名人吴来朝第十六世孙、翰林院大学士（待诏）吴钦登（字：步云，公元 1790 年 8 月 10 日出生至 1872 年 2 月病故，享年 82 岁，修建该大院时吴钦登 32 岁），在其父亲吴应达（字：成章）支持下所建。当时皇帝经过澜头村时曾摆驾此处，其父吴应达受封"登仕佐郎"、其母韩氏受封"九品孺人"，圣旨被其后人保留至今。

图 5.19　吴家大院为省级历史优秀建筑（2022 年摄）

　　吴家大院坐落于村东的南北大街西侧，南北长 150 余米，东西宽 40 余米。吴家大院为三进院落，院落大门两座，建筑在一条轴线上。院落在建筑的布局上，四边房屋以方位、规模以及入住者身份的不同，带有明显的尊卑之别。大院的正门门口，南北各生长着一棵古槐树，北侧古槐树干高约 6 米，树心腐烂并生长出一棵臭椿树，人称"古槐抱椿"。南侧古槐较小，其树干高约 4 米，粗约 2.2 米。古槐树下各有一条石凳，供人休息。

图 5.20　吴家大院门口的槐树，两侧各有一棵，树下有供人休息的石凳（2022 年摄）

图 5.21　吴家大院大门为砖石结构，有装饰精美的砖雕墀头（2022 年摄）

吴家大院现存保存较完整的是北面正房，二层结构，两侧为耳房。正房前有台阶 13 级，台阶、台明、栏杆、月台组成台基，两侧雕有石狮，其雕刻精细传神。建筑房顶为黑色瓦片，硬山屋面，屋脊两侧是砖雕刻而成的吉祥瑞兽，墙体由青石与黑砖砌成，建筑形式典雅。现在正房一楼不住人，用来盛放杂物，通过台阶通到楼上。东侧耳房为一层建筑，硬山屋面，西侧耳房为二层建筑，二层为观花楼，通过院落西侧的台阶进入。院内东西两侧为厢房，各 3 间，硬山屋面。

据《吴氏族谱》记载，吴家七世祖，为明朝万历年间山西荣河县、知县吴来朝，人们称为吴封君，吴家历史上有"一门三进士，父子同登科"的称誉，家族鼎盛时子孙百余人，为利于生计，便修建了这所大宅院。从吴家大院走出来的吴家后人在历代历史

图 5.22　吴家大院正房手绘图（李春绘）

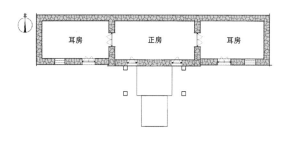

图 5.23　吴家大院正房、耳房一层平面示意图（李春绘）　　图 5.24　吴家大院正房、耳房二层平面示意图（李春绘）

时期都有杰出的代表人物。吴钦登生有 4 个儿子，老大吴乐朋、老二吴乐群、老三吴乐偕、老四吴乐同，其兄弟 4 人均考有功名，为吴家以后的文化传承奠定了坚实的基础。

澜头村另外一个典型的传统建筑是刘家大院，为刘荣恒老宅，始建于清朝咸丰元年（1851），由刘氏十四世祖（礼部三品官）刘虞主持修建。

图 5.25　刘家大院沿街立面，建筑材料为砖石，硬山屋顶（2022 年摄）

图 5.26　刘家大院大门上门匾"寅宾"（2022 年摄）

图 5.27　刘家大院外墙（2022 年摄）

图 5.28 雕刻精美的犀头（2022 年摄）

刘家大院位于村东部南北大街西侧。院落坐北朝南，现在保存较好的是一进院落，有房屋 10 间，厅房、厢房也保存完好，是典型的四合院布局。南北长约 16 米，东西宽约 17 米，院落占地面积约 275 平方米。其主房为前出厦建筑，四梁八柱结构。厅房前厦有台阶 3 级，从房基上至房顶都有精美的雕刻和石雕画，到现在还依稀能感觉到刘氏家族当年鼎盛时期的气派和尊严。

刘家大院整体院落错落有致，该院落布局完整，主体建筑完好。建筑为砖石木结构，硬山黑瓦顶，现存门窗、雕刻保存良好，雕工细腻。刘家大院倒挂楣子、雀替为精致的木雕构件，倒挂楣子雕刻样式不同。四合院大门上有皇上赐字门匾，字号"寅宾"，寓意贵客东来。刘家大院东临南北大街有一连三大门，主厅房字号为"司乐厅"，现保存完好。

图 5.29 刘家大院手绘图（李春绘）

刘家大院经过修缮，重新焕发了建筑原有的生机。现在建筑作为澜头村重点的传统建筑，吸引着大批的游客前来游玩观赏，感受历史建筑的魅力。

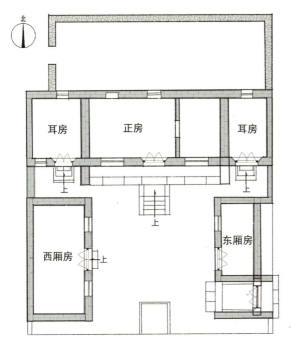

图 5.30　刘家大院平面示意图（李春绘）

图 5.31　刘家大院正房，经过修缮，保存完好（2022 年摄）

4. 村落民俗生活与非遗传承

澜头村村民在生产劳作之外，在长期生产过程中形成了丰富多彩的民俗文化，并世代传承。其中较有特色的是剪纸、花鼓锣子和莱芜梆子，村子里还流传着龙潭水库的传说。

澜头村刘氏剪刻纸起源于清朝咸丰年间，因刘氏十四世祖刘虞修建刘家老宅后，家眷修饰房屋时剪刻图案，悬挂在门楣、窗户上而逐渐兴起，后来刘家后人逐渐学会这项手艺。此后在一些重大节日、嫁娶之时，刘氏后人都会通过这种技艺烘托气氛，展现喜庆色彩。

图 5.32 刘氏剪刻纸作品（2021 年摄）

图 5.33 刘氏剪刻纸作品（2021 年摄）

经过 4 代人的传承，刘氏已经形成了剪纸、刻纸两种表现形式。刘氏剪刻纸的制作群体是以刘氏女性为主，剪纸花样被作为"女红"的一个重要内容得到保存和传承。女孩子到了七八岁时，家中的奶奶、母亲或姐姐就会向她传授剪纸的技艺。

　　澜头村村民在闲暇时节的休闲活动是花鼓锣子，这是一种起源于莱芜颜庄地区的民间舞蹈形式，从清朝末年流传至今，其历史已有百年。

图 5.34　花鼓锣子演出现场（2021 年摄）

　　表演领头者为青年英雄扮相，一身青，紧束口，腰间系有板带，脚上穿着薄底靴，头上戴有英雄巾，此人在前击鼓；第二个人击小锣，为姑娘扮相，梳有一条大辫子，衣着为绿褂红裤镶金边，脚上为大缨子花鞋；第三个人为丑角，反穿为山羊皮坎肩，手上打夹板；第四个人为姑娘扮相，穿着同第二人，打小镲；第五个人为丑角，打扮同第三人，肩上背有褡子，手上打雨伞。演唱中，演员利用各自携带的乐器演奏，见物唱物，即兴表演。演员表演时上身双手动作不多，主要是双脚蹦跳，舞姿优美朴实，并不时插科打诨，做许多滑稽动作。这种舞蹈队形变化多端，形式生动活泼，音乐节奏明快，唱词通俗易懂，既可单独表演，又可穿插于龙灯、舞狮、高跷等队伍中配合演出。

　　莱芜梆子又名莱芜讴，流行于莱芜、泰安地区，是澜头村常见的民俗活动。清道光三十年（1850）前后，徽班经运河进入山东，由济宁沿驿道流入泰安一带。泰安县夏张镇的老阳春班，就是早期定居在山东的徽班之一。村子 1961 年成立了业余莱芜梆子戏班。演员们白天劳动，晚上学戏，在莱芜梆子剧团团长毕心德的教导下，学会了《铡美案》《穆桂英挂帅》等十几出古装戏。1968 年，演出了《沙家浜》《智取威虎山》。

　　由于导演身体原因，演员于 1969 年在颜庄蒲园演出完毕后解散。演员们至今健在并能演出的还有：吴茂巧、刘健、刘勇、

图 5.35　地方戏莱芜梆子受当地群众喜欢（2022 年摄）

　　陈茂菊、吴茂林、吴茂星等 30 余人，部分乐器也得到保留。

　　澜头村村民一直重视家族的传承与记录。村子的李氏家族，其《李氏族谱》自 1685 年创修，先后经过了 8 次修订，于 2009 年修订完成。其祖谱记录条例，保存完好，一直留存至今。现在李氏族谱共有 8 卷，内容详细，包装精美，在澜头村族谱中最为规整。

图 5.36　修订以后的《李氏族谱》，内容条例详细，装订精美（2021 年摄）

图 5.37　《李氏族谱》内页（2021 年摄）

村子里还流传着澜头河的动人传说。位于花雨山的北面，有一条澜头河，又叫龙潭河。河长约 500 米、宽平均 80 米。河流上游有白龙潭，下游有黑龙潭。相传在九龙山中有黑、白二龙依母而生，一天，龙母携子乘闪电雷鸣、滂沱大雨，在花雨山上几经盘旋后，将二子分别安置于两潭中。河道弯曲如龙，两岸悬崖峭壁上生长着葱葱翠柏，风吹雨打中，山野的芬芳沁人心脾，实是令人忘归之境。

图 5.38　生长着翠柏的龙潭水库（2022 年摄）

图 5.39　龙潭水库的下游河道（2022 年摄）

陆

砟峪村：
三府交接四村并列的石头村

1. 地理环境与历史沿革

砟峪村隶属济南市钢城区辛庄街道，位于钢城区东北部，地处丘陵山区，坐落在与沂源、博山两县区交界的山峪之中。砟峪村西接曾流传着"李逵寄母"传说的寄母山，北有三府山，此山位于博山区、沂源县、莱城区交界处，因这三区县曾分别属于泰安府、青州府、沂州府，此山便名三府山。砟峪村被称为"莱芜最东边的村落"，北靠博山区南博山镇，南接裴家庄村，东临沂源县李泉村，西通傅宅科村。张家砟峪、路家砟峪、齐家砟峪、段家砟峪为一个行政村，由南向北依次排开，分别为段家砟峪、张家砟峪、齐家砟峪、路家砟峪，一条乡间公路由南至北纵贯四村，南连接莱芜通沂源的公路。4 个组团坐落于群山环抱之中，依山傍水，均建于峪中平缓地带。村中有一小河，发源于三府山下，顺势而下，流经裴家庄、铁车、辛庄汇入大汶河。

明朝时期砟峪村就已建村，魏姓在此居住，据张家砟峪的村碑记载，明末张姓由河北省枣强县迁此。砟峪村曾名凤凰峪，因村北有一块巨石形似凤凰，后来巨石被雷击炸裂，村子改名砟峪。民国二十四年（1935）《续修莱芜县志》记载"裴家庄乡·砟峪"。民国初年（1912），莱芜以数字名区，砟峪村属第五区管辖；经

图 6.1　砟峪村在明嘉靖二十七年（1548）《莱芜县志·县境之图》中的位置（此图据原图着色）

图 6.2　路家砟峪鸟瞰图（2022 年摄）

图 6.3　张家砟峪鸟瞰图（2022 年摄）

过多次规划，砟峪村今隶属钢城区辛庄街道办事处。砟峪村村域面积 8.37 平方千米，耕地 1408 亩，户籍人口 961 人。

2. 村落空间格局

砟峪村位于大汶河上游，独踞一个完整的小流域，村沿河谷一字排开，由南向北依次是段家砟峪、张家砟峪、齐家砟峪、路家砟峪。这里海拔较高，光照充足，避风向阳，山泉众多，峪中长年流水不断，居住条件适宜。因地处偏僻山区，村庄尚未大规

建筑分类保护规划图

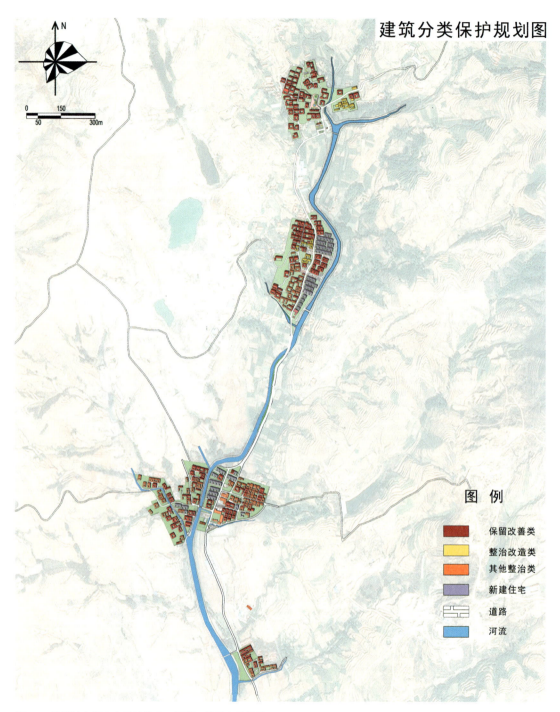

图 6.4　砟峪村由四个自然村组成，河流、道路南北贯通

　　模开发，村庄格局和山区风貌被完整保留。
　　砟峪村街巷格局垂直或平行于山体，传统民居集中于河岸两
侧，顺河流流向建造，呈团块状空间布局形态。建筑与院墙自由
围合出街巷尺度，张家、齐家、段家砟峪现在的路面材料为土路，

图 6.5　路家砟峪广场北侧的千年古槐，村民自发前来祭拜（2022 年摄）

图 6.6　路家砟峪的古井仍在使用（2022 年摄）

路家砟峪为水泥铺地。砟峪村传统的铺地材料为花岗岩石板材料或花岗岩砂，为保护传统村落风貌，在村落保护规划中规定，村落保护范围内的路面材料禁止采用石板、石砂以外的其他材料；已经采用非传统路面材料的，规划要逐步改造，恢复原有的石板路风貌。

路家砟峪以村中的广场为中心，广场中间有一口石井，无论冬夏，泉水均无干涸、泛滥之象，泉井里长期保持同等的水量，现在仍有许多村民前来取水饮用。广场北侧有一块千年古槐的石碑，古槐生长于土坡上，高 20 多米，树围近 5 米。走近古槐，树冠如阴，树根裸露，枝干虬曲，向空中延伸。树干主体高耸如盖，单是脚下的老树根便可抵得过两三人合围。古槐下还有一座小庙，供奉着树仙老爷，周围的村民自发前来祭拜，以祈求平安顺利。砟峪村内还保留着石碾等农用器具，现在村民还会用石碾来磨制谷物。因砟峪村土壤为沙土地，适宜种植玉米、地瓜、花生和黄烟，产业以农业和养殖为主。

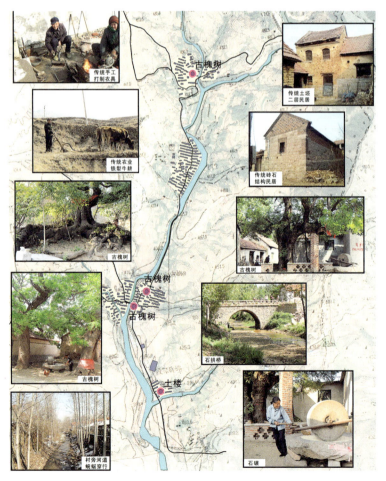

图 6.7　砟峪村历史要素位置示意图

图 6.8　砟峪村传统建筑会用土坯砖砌筑，屋顶瓦下用黄草覆盖（2022 年摄）

3. 村落典型历史建筑

　　由于村庄盛产花岗岩，所以村内建筑基础多使用花岗岩筑造，结构牢固、抗腐蚀、耐风雨，体现了工匠们过硬的建筑技艺。而开采花岗岩成本较高，为节约人力、物力，砟峪村村民就用花岗岩作为基础，用土坯砖来筑墙。砟峪村村民沿河而居，在河岸可以得到湿润的泥土，再加入黄草进行搅拌，浇筑到砖模中，晾晒后便可得到土坯砖。传统民居的屋顶覆盖着黄草，因当地产麦较少，有时便用山坡上的黄草覆盖屋顶。由此，花岗岩、土坯砖、黄草覆顶便成为砟峪村传统民居的特色。

图 6.9　长征桥 1978 年于原址重建，原为清嘉庆四年（1799）建造的拱桥（2022 年摄）

图 6.10   为降低建房费用，村内民居也会使用土坯砖筑墙

长征桥位于张家砟峪村落中间的小河上。原拱桥建于清嘉庆四年（1799），1978年在原址上重建，此桥东西走向，长20多米，高5-6米，宽6米，全用规整方石垒砌。因当地盛产花岗岩，此桥便用开采的花岗岩建造，抗压性好，也较为坚固。桥的两端共有三棵四百余年的古槐。

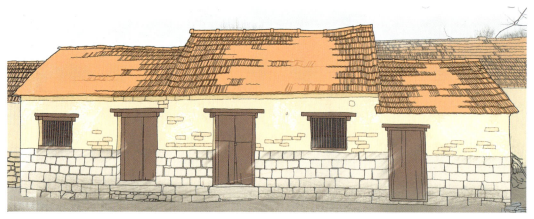

图6.11　村内传统民居手绘图（柳琦绘）

土楼为清末民国时期建造，是一处四合院式院落。主屋有两部分，一侧是二层的土坯小楼，一侧是稍矮的土坯房。小楼二层的窗檐为拱形，木质窗棂，土楼的下碱为花岗岩，坚固耐久，墙面用土坯砖垒砌，土坯砖垒砌的房屋具有冬暖夏凉的优点。采用传统夯土技术建造的土楼，从整体到各个不同的有机组成部分，都有它独立的作用和功能，整栋楼具有通风采光、防潮保温、安全自卫的特点。可惜的是，土楼已被拆。

砟峪村的部分民居建筑规格高，山墙高大，以花岗岩作基，花岗岩的基础堆砌平整，窗框四周、山墙转角、山尖处为砖料或其他材料。砟峪村北靠博山镇，与博山镇往来密切，修建民居时会使用博山烧制的耐火砖。耐火砖具有强度高、热稳定性好、抗震度高等特点，是一种广泛使用的建筑材料。

4. 村落民俗生活与非遗传承

莱芜梆子是山东一种古老的地方剧种，又名"莱芜讴"。砟峪村在20世纪60年代之前仍保留着莱芜梆子的演出活动，村民在过年或农闲时自发举行表演活动，自搭戏台并轮番上场表演，最热闹的时候莫过于春节，村里的表演活动自大年初三一直延续到正月十五。另外，柳编是砟峪村世代传承的一种非物质文化遗产，部分村民以此为生。

"李逵寄母传说"流传于寄母山及周围的村庄，传说李逵从沂州老家背其母去梁山，行至此山，其母口渴难耐，李逵将母亲寄留在山上，下山寻水，不料母亲被老虎吃掉，李逵四处寻虎并诛杀之，报得弑母之恨，此山因得"寄母山"之名。

图 6.12　莱芜梆子剧照

图 6.13　柳编是 2022 年莱芜市扶贫办重点引进的扶贫产业项目，实现村民在家门口就业增收

砟岈村人一向尊师重教，1997 年村支书张敬恕力排众议，大胆决策，在张家砟岈东南兴建了一座二层教学楼，就是砟岈小学最初形成的规模。正是对教育的重视，砟岈村几乎家家户户都有大学生，硕士生、博士生也不在少数。

砟岈村建造房屋使用石块，村里便传承下来打石技艺。路光迎老人是路家砟岈的一位石匠，今年 75 岁。据他介绍，砟岈村建造房屋所用的石料从北边三府山周边开采运来。村子民风淳朴，一家盖房，大伙都一起来帮忙，中午在主人家吃一顿饭就相当于建房的工钱。开采石料是建房的第一步，首先需要在山体上采石，将开采的大石再砸成小碎石，最后打磨成适宜的石块，才能使用。村里的男劳力将石块运往村中，往往两个人才能推动一车，难走的山沟有时需要牛来拉车。

过去村民建房屋顶多用黄草覆盖，先在屋顶上抹上泥巴，再将黄草覆盖在上面。村中的大户人家建房时屋顶会用到瓦片，所用瓦片从沂源采买拉来。早前建房因开采石块使用人力物力较多，墙体普遍使用土坯砖，这也是村民省钱、省力的一种方式。房屋建成后，还会举行上梁仪式，在房梁上系红绸，村民们背诵"上梁百事吉，明星利户宜"的对子，同时还要烧香磕头，祈求平安。

 大黄崖村：
狼溪源头木偶村

1. 地理环境与历史沿革

　　大黄崖村位于济南市平阴县洪范池镇东北部，距镇驻地 8 千米。村落东、南、北三面环山，西向与外界相通。

　　大黄崖村因位于著名的黄石崖下而得名。明朝初年，郜氏族人为了逃避天灾战乱，辗转于山西、河南、山东三省，居住在东阿县大姜庄的郜氏三兄弟——岭、秀、岱迫于洪水灾害，扶老携幼，担筐背篓，迁移到黄石崖山下定居，随后又有黄、董、靳姓村民也迁此定居。日推月移，村内人丁不断增加，村里的姓氏也有变化，目前大黄崖村有郜、黄、靳、董、刘五个姓氏，仍以郜姓居多（郜是周文王之子所封的国名，郜国在今山东省成武县境内）。

　　大黄崖村自建村之始至 1947 年，一直属东阿县，1949 年 10 月属平阴县六区的窑头乡，1956 年 6 月属洪范乡、石碑子乡，1958 年 10 月属洪范公社，1984 年 5 月属洪范区，1985 年 9 月属洪范池乡，1993 年 5 月属洪范池镇一直到现在。

　　村庄占地约 176 亩，耕地面积 1660 亩。因地处山区，土地贫瘠，可耕用地少，村民主要以种植苹果树、核桃树、地瓜、棉

图 7.1　大黄崖村村东黄崖山全貌（2019 年摄）

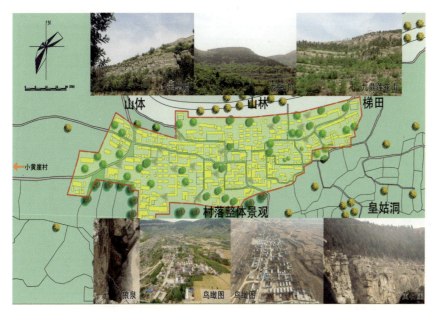

图 7.2　大黄崖村资源现状图

花等经济作物和农作物为主，村民人均收入很低。

2.村落空间格局

大黄崖村三面环山，东临黄崖山，南面九顶莲花山，北靠玉皇顶山，村落自然环境优美，风景秀丽，无工业污染。黄石崖下有古东阿县有名的九泉之一，也是狼溪河的源头之一——"狼泉"，此泉终年不涸，泉水清冽甘甜。

村庄依山而建，地势东高西低，整体东西长，南北短，呈长形布局形态。村内树木茂盛，植被丰富，每年的大半时间里大黄崖村都置身于绿树青山间。古朴的土石房建筑整齐连片，倚着高低有序的地势错落排列。房屋建筑大多坐北朝南，房舍左右相连或只留逼仄的石板小巷相隔，房前屋后可见绿树依依点缀，整个村落弥漫着一种沧桑古朴的斑斓色彩。

村内道路有：东部东西街1条，西部东西街2条，共6条主要街道，10多条大小胡同宽窄不一、长短不等，纵横交错，通往各家各户。村中的街中心是旧时两处活动中心，夏晚纳凉、闲时玩耍、节日聚会大都在此。

大黄崖村历史文化积淀深厚，这里流传着"王恩石意"的传说故事，有宋代焦村遗址，是一处风光独秀的风景名胜区，其中晋代"王质观棋"的遗迹因南朝梁代任昉《述异记》的记载而闻名于世：晋时有一叫王质的樵夫到石室山砍柴，见二童子下棋，

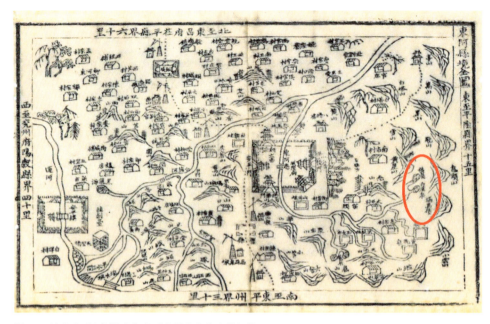

图 7.3   清道光《东阿县志》中对黄崖山和狼泉的记载

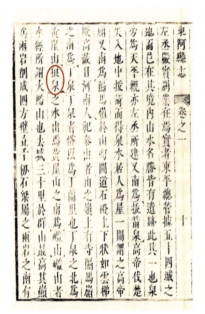

图 7.4   清康熙《东阿县志》中记载"黄崖山，狼泉之水出焉"

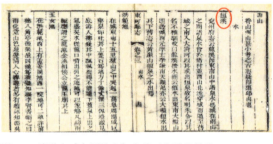

图 7.5   清道光《东阿县志》中关于狼溪的描述

图 7.6   清道光《东阿县志》中对于黄崖山、烂柯山和九顶山的记载

图 7.8   大黄崖村沿街建筑立面图（庞旭绘）

图 7.7　位于村东的"狼泉"，是狼溪河的源头之一，泉水清冽，终年不干涸（2019 年摄）

便坐于一旁观看。一局未终，童子对他说，你的斧柄烂了。王质回到村里，才知已过了数十年。因此，后人便把石室山称为烂柯山，并把烂柯称为"摸斧掉"。"摸斧掉"处原来有碑刻一通，20 世纪 70 年代后被盗。现存崖刻象棋盘、斧子印，即为王质观棋处。作为一处传统村落风貌保存较好的古村，2017 年，大黄崖村被评为山东省第四批省级传统村落。

3. 村落典型历史建筑

济南平阴一带的山区民居建筑多为石头平顶房，这种石头平

图 7.9　黄崖山上的皇姑洞（2019 年摄）

房又分为两种形式：一种是房屋整体全为石头建造的；一种是半土半石，即墙体腰线以下是石头，以上是土坯，或者门框、窗框是石头，其他土墙面是夯土。两种建筑形式的屋顶都是石灰漫坡屋顶。

大黄崖村传统民居共有 120 多处，分布在中心大街、环村东街、环村西街，整体保存得较好。建筑形式主要是三合院或四合院式，受地形所限，院落空间结构紧凑，房屋大多坐北朝南，北屋为正房，一般三至五间，东西两侧建有厢房，南面建有倒座。有的院落内建有粮囤，粮囤用两层石块做囤基，用土坯垒筑墙体，内外用草秸泥抹面，上面为石灰囤顶，前面留有一个小的门窗，方便放取粮食。

村内房民居建筑质量一般，多数是半土半石结构，腰线以上

图 7.10　大黄崖村沿街建筑立面图（孟飞绘）

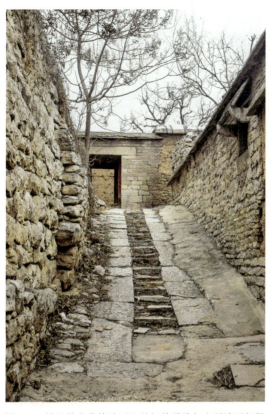

图 7.11　沿地势变化拾阶而上的门前道路与山石墙面相得益彰（2019 年摄）

图 7.12　山区民居多是就地取材，与周围环境浑然一体（2019 年摄）

大多数为夯土墙体，较少有全石结构房屋。墙体所用青石，大多不规整，没有经过打磨、拼接等细加工，这使得墙体略显粗糙简单。虽然村内几处曾经的富家院落相对建筑质量较好，但墙体亦是如此；建筑样式简洁古朴，无过多装饰，即使代表着经济地位、文化修养、门第高低的门楼，在大黄崖村也是以最简单质朴的形式存在。由此也可推断：过去大黄崖村经济相当落后，当地村民很不富裕，无过多钱财用在房屋的建造修饰上。

　　因山区交通不便而石料资源丰富，故大黄崖村的民居在建造中多就地取材，很少使用黏土烧制的砖瓦构件。因此，以石材墙体承重木梁架体系的传统民居在山区建筑中占有很大比例，其墙

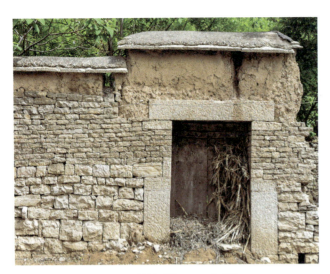

图7.13　废弃的民居大门，简单质朴（2019年摄）

图7.14　乱石墙体砌筑也是一项技术性很强的建房工艺（2019年摄）

体厚实，冬暖夏凉，屋内墙面用草秸泥糊面，较为粗糙；开窗普遍都较小，有的是石过梁木窗，有的是全木格窗，使得屋内光线不足；其房顶用木梁置于山墙之上，梁上铺设多根檩条，檩条与梁衔接处有短木柱连接，用以增加房顶的弧度，使房顶呈现出一定坡度，不易积水；檩条上面再覆盖以苇箔，外层用石灰、沙子、三合土捶顶夯实，做成石灰漫坡屋顶；门楼一般为石门框，条石过梁，较为讲究的人家则用拱形门楣，条石上以简单的竖线条或菱形条纹作装饰，装对开扇木门，部分民居的门洞向内纵深半米左右，以增加大门的视觉感。

　　村内典型传统建筑有郜志辉院落、郜化明院落、郜化盛院落、郜建生院落等。

　　郜志辉院落是村内过去的富家大院，该院规模较大，但后来被拆分给了村民居住，已难以看出院落原来的进制形式。虽然院落已破败废弃，但依稀可见其当年建造之用心，质量相对较高：北屋三间全部为石头砌筑，正屋大门为拱形门；西厢房三间，墙体为青石和土坯砖混合结构；东厢房三间，全石砌筑，门窗上部均用大块条石过梁。

图7.15　大黄崖村沿街建筑立面图（江岳绘）

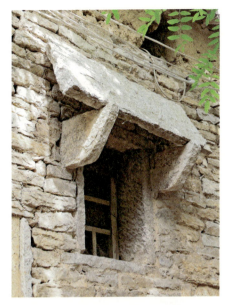

图 7.16　山墙上的石头开窗，翘起的墀头搭上石板，便成了窗檐（2019 年摄）

图 7.17　嵌于墙体之上的拴马石透着青石的斑斓（2019 年摄）

图 7.18　大门两侧的香窝子（2019年摄）

图 7.19　沿街而建的院落，形制比较自由，无围墙（2019 年摄）

图 7.20 村内院落依山而建，低矮的围墙也与邻近房屋山墙形成狭窄的小道（2019 年摄）

图 7.21　镶嵌在山墙立面上的泰山迎水
石迎街口而立，是过去村民用来避水镇
宅之物（2019 年摄）

4. 村落民俗与非遗传承

　　长期以来，大黄崖村都有着丰富的民俗文化生活。村内的木
偶戏历史悠久，远近闻名，已传承了 200 多年，2008 年被列为济
南市市级非物质文化遗产。

　　大黄崖村的木偶戏属于北方典型的"杖头木偶"。清雍正十
年（1732），本村村民郡钦将木偶戏从外地引入本村，并组建了
木偶戏班，从此杖头木偶戏开始在大黄崖村生根发芽。杖头木偶
身高近 1 米，重十几斤，在木头上刻出木偶的头部、躯干四肢，
头部用彩绘绘成生、旦、净、末、丑等各种戏剧角色，偶头和偶
身可以相互搭配，根据演唱曲目，穿上不同的道具服装，便成了
戏中的人物。偶人头部的制作至关重要，雕刻时内藏玄机，使眼
睛和嘴可灵活转动，表演时才可使偶人充满灵气。

图 7.22　大黄崖村沿街建筑立面图（孟飞绘）

杖头木偶由一根长的命杆、两根手杆分别与偶头和木偶手肘相连，表演者隐藏于布幔之下，用木棍或竹棍举着木偶人进行表演，通过操纵长命杆和两根手杆，随着曲目情节来调动木偶的身体，可通过木偶手的动作细腻地表演出人物的各种情态，如写字、舞剑、斟酒等，使木偶表演活灵活现，栩栩如生。

过去，大黄崖村的木偶戏班由10多人组成，分为表演和伴奏两组，表演者有的一人多能，既能唱，又能表演；有的就只表演，由旁人演唱。伴奏有二胡、板胡、梆子、镲、小锣等，所演剧种主要为山东梆子戏，以群众喜闻乐见的《铡美案》《王小赶脚》《天仙配》等传统曲目为主。最初，村里的木偶戏班只是在本村和附近村庄演出，后来农闲时节也会外出参加一些营业性演出，主要是赶庙会、请唱等。

20世纪50年代，大黄崖村木偶戏发展最为活跃，当地政府拨出专项资金对木偶戏班的服装、道具和舞台进行了置换。到大黄崖村观看木偶戏，已成为十里八乡的群众农闲时最重要的娱乐活动。木偶戏班成员演出热情高涨，想学木偶戏的村民也很多。20世纪六七十年代，木偶戏被当作封建毒草铲除，在一片"破四旧"的声浪中，木偶、服装、道具和舞台被焚烧殆尽。

图 7.23　大黄崖村第九代杖头木偶戏传承人靳为福老人操作木偶表演（2019年摄）

图 7.24　村里的杖头木偶戏自雍正年间传入，已有200多年历史（2019年摄）

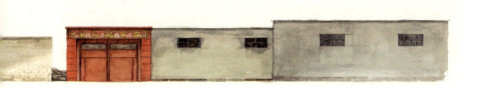

　　虽然大黄崖村的木偶戏受到重创，但百余年的传承难以泯灭，很多对木偶戏情有独钟的村民便在私底下悄悄地拜师学艺，苦练唱功和表演。67 岁的靳为福便是其中一位。自小喜欢唱戏的靳为福 17 岁时拜村里木偶戏班成员郜化代、郜宗奎为师，学唱戏、表演、刻木偶，一学就是十几年。他终日勤学苦练，慢慢掌握了木偶戏的精髓，达到了"人偶合一"的境界，成为大黄崖村第九代杖头木偶戏传承人。改革开放后，村里木偶戏老艺人郜化代、黄性善、郜宗奎 3 人，自筹资金购置了舞台布幕围幔，自己动手制作了一部分木偶和服装，恢复了几个传统小戏的演出，靳为福自然也成为其中一员，大黄崖村的木偶戏又重新出现在人们生活中。

　　随着老艺人的相继去世，靳为福成为大黄崖村木偶戏主要传承人。为了让木偶戏得到更好的传承，他不仅让自己的妹妹靳为香、儿子靳东升继续学习木偶戏，还教外村村民学习木偶戏表演，并自筹资金，组建了一个 10 人的木偶剧团。除参加政府的一些公益演出活动外，逢年过节，靳为福会为村民送上一场精彩的木偶戏表演。为扩大木偶戏的影响力并增加收入，靳为福也带领着木偶剧团参加一些商业演出，但受市场环境影响，收入不高。平日闲置的 30 多个木偶只能放在箱子里，但靳为福隔些日子就要拿出来整理晾晒一下。

图 7.25　村内的民居院落形制大小不等，主屋一般高于厢房（2019 年摄）

图 7.26　村内民居样式手绘图（刘军秀绘）

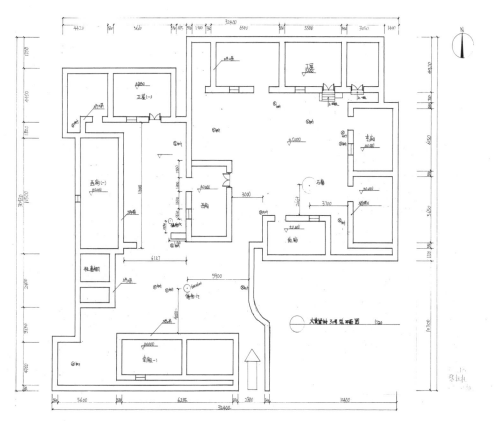

图 7.27　大黄崖村 30 号院手绘平面图（张壮壮绘）

图 7.28   大黄崖村有多条较为平坦的山区小巷（2019 年摄）

由于木偶戏学习非一日之功，要达到"人偶合一"的程度，更要苦练两三年，所以村里的年轻人几乎无人愿意去学。让靳为福唯一感到欣慰的是儿子靳东升放弃外出打工挣钱的机会，跟着他苦练木偶戏，已能很好地传承这项民间表演艺术。即便如此，对于大黄崖村木偶戏未来的传承发展，靳为福仍忧心忡忡。

图 7.29   村中保存完好的传统民居门楼（张义雷绘）

图 7.30   村内民居山墙上供奉的佛龛（任恒绘）

图 7.31　村内依山走势而建的民居手绘图（李厚德绘）

图 7.32　废弃的石碾曾经是村民主要的生活用具（2019 年摄）

捌

东蛮子村：
世外桃源有书院

1. 地理环境与历史沿革

　　东蛮子村位于济南市平阴县城东南部，隶属榆山街道办事处。村庄距平阴县城约7千米，距济菏高速平阴出入口约25千米。在村庄北部，是东蛮子村的自然村——贤子峪村。该村钟灵毓秀，宛如世外桃源。其中，培养了诸多贤人志士的函山书院即位于该村。2014年，东蛮子村因贤子峪村历史文化底蕴深厚、名胜古迹众多，成功入选山东省省级优秀传统村落名录。

　　贤子峪村又名岱西村、函山峪、三泉庵。因地处泰山以西，周围小山又是泰山余脉，故称岱西村；因三面环山，山脉也像U形，村西为出入村庄的必经之路，谷口向西南敞开，周围之山像"函"字，故名"函山峪"；又因村南山坡下有古井2眼、古泉3眼，为村民世代饮水之用，故村名又作"三泉庵"。《平阴县志》中对该村有"曲涧潺潺，古木蓊蔚"的记载。

　　据史料及碑刻记载，贤子峪村始建于明朝。明正德元年（1506），茌平县安德长云游至此，观景之奇秀，遂开山凿石，填沟渠，筑堂基，前后用了15年，创建观音堂。明代贡生张宗旭舍弃功名，携家眷来此隐居，并创办函山书院，培养了5位明代进士，得名"贤子峪"。此后，张氏家族在此繁衍生息，逐渐发展为村，迄今已有500余年的历史。

图 8.1　贤子峪建筑群被定为山东省第五批文物保护单位（2018年摄）

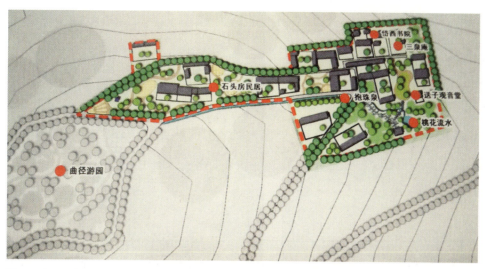

图 8.2　贤子峪村落景观节点平面图

明代中期，是贤子峪村发展的鼎盛时期；20 世纪 60 年代，村中尚有 200 人左右；而现在村民多已搬到山外的新村，只剩三两户人家留守在古村中，也使村落传统风貌保存得较好。

2. 村落空间格局

贤子峪村东、南、北三面环山，西边为狭长山谷，村南是自西向东蜿蜒而上的石板主路，路北有数条南北向的石阶小路与主路相交。村内道路依山势地形构建，高低崎岖，自然随形。村内有泉水、古井数处，较著名的泉水有抱珠泉和南岳泉。除此之外，村内摩崖石刻众多，有贡生诗碑、"寻花绕寺"石刻、"弄石临溪"石刻等。另有岩洞与石刻相映成趣，如"金牛洞""老虎洞"等。

抱珠泉位于三泉庵西边的东山脚下，有大、小两个泉池，泉水从一巨大的石缝中涌出，大的直径约 4 米，水从东南侧石缝中涌出，汇而成池，水满后溢入北侧的小池；小池直径约 2 米，水满后从西侧溢入山沟，顺峪向西流，形成了锦水河的源头。据说，明代贡生张宗旭夜游贤子峪，发现月光下的一大一小的泉池，在群山怀抱之中，犹如两颗闪闪发光的夜明珠，于是写下了"抱珠泉" 3 个字。泉水经年不涸，盛时流水有声，居民多于此取水饮用。400 多年来，抱珠泉的水不但养育了贤子峪的百姓，也惠及了整个县城。

南岳泉位于山峪中的北山南侧山腰处，又被称为大池，池北依山凿挖，池南垒石挡水。村民多用此泉水浇灌园田。

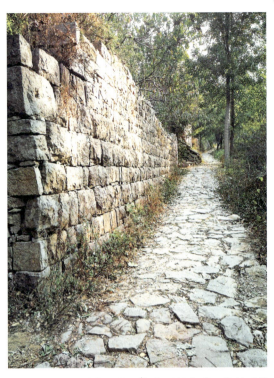

图 8.3 建于地势较高处的民居院落，大门前垒有多层石   图 8.4 与周围景物浑然一色的石板巷道，曲折延伸
台阶（2018 年摄）   （2018 年摄）

抱珠泉东面的山坡上，过去植有桃树、杏树，春季桃、杏花盛开，十分美丽，雨后又有山水顺崖流下，故称"桃花流水"，有"桃花流水"石碑立于村中，成为一景；而"寻花绕寺"摩

图 8.5 民居院落为了保持完整性，有的垒上几米或十几米高的石围墙（2018 年摄）

图 8.6　"寻花绕寺"摩崖石刻位于三泉庵东北石崖上（2018 年摄）

崖石刻位于三泉庵东北石崖上，亦与桃、杏花在三泉庵四周盛开有关。

　　"寒山石径"石刻位于南岳泉西谷口处的一处山崖上，崖上巨石突兀，十分险峻。因上山的小路原从石下通过，石崖上便书有"寒山石径"4 个字，它出自杜牧的诗句。

图 8.7　"桃花流水"石刻（2018 年摄）

图 8.8　嵌于墙上的神龛曾是村民的信仰空间（2018 年摄）

图 8.9　囤顶全石结构的传统建筑是贤子峪村的一大特色（2018 年摄）

3.村落典型历史建筑

　　贤子峪村是中国北方地区保存得较为完整的明代古村落之一，村中民居、公共建筑依山势而建，风貌和格局几百年未变。古村中至今保留着传统民居、明代祠堂、三泉庵、函山书院、伏魔殿、观音堂、送子观音堂等传统建筑。

　　村内传统民居建筑主要建于明清时代，建筑规模约为1500平方米，多用山石建成，依山势而建，高低错落有致，与周围环境浑然一体，古朴自然。

　　三泉庵位于贤子峪东侧的半山腰处，是当年学子们读书的地方，因村中有名泉3处而得名。今院落和建筑皆经重新修葺。它坐北朝南，门两侧各有一只石狮。庵内正殿为观音堂，东侧有伏魔殿，有明正德、嘉靖年间创建、重修观音堂建筑的石碑4通，记载了其修建渊源。其中《平阴县贤子峪建观音堂记》碑刻，详细记录了观音堂的建造过程。此碑刻立于观音堂正殿东侧，碑高214厘米，宽91厘米，厚26厘米，碑刻上半部残缺；碑文楷书阴刻13行，满行39字，正德庚辰年即正德十五年（1520）立。碑文如下：

图8.10　半山坡上野火烧过后留下的痕迹（2018年摄）

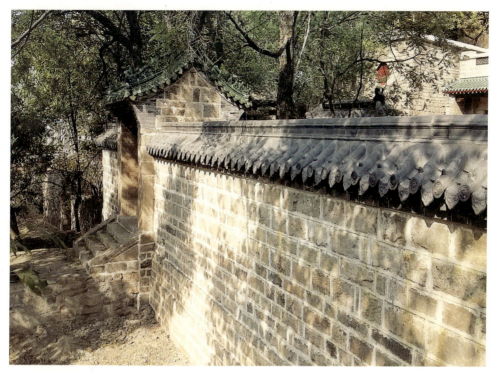

图8.11　三泉庵大门，历经多次重修（2018年摄）

平阴县贤子峪初建观音堂记

锦川四围皆山也迤东南山头壑口带芳吐翠为一隅独秀者贤子峪也在水山之阳路经邀同涧南转半里许傍东有一山岩登之遥见水光清莹泻出两山之间者曰甘泉也有堂宛然临于泉上者观音堂也创堂者谁山之道德长也德长世本荏平县人俗姓安于正德初年云游诣此爱山泉土木遂决意与石工孙□辈开荒山凿磔石填沟渠而筑堂基既就乃募仗义施主赵富字晋卿者倡率十方/辏集材木食米□料之数各足昉鸠工人陶甓削木由合而完但见飞鱼走兽金碧交辉轮奂鲜美矣/堂内塑像正面□音三尊环列二十四诸天俨然如在也计正德丙寅至庚辰一十五载又于东岩上/盖平楼一座西□草廊六七间也以言其堂之南北东西南溯南山之巅而下北兹北山而上跨于东/西山境桃杏周布椒杨成列也时乎佳木向荣生香不断树树交花也巧声上下乐意相关禽禽对诘/也无以清泉溢流于雨后嫩□影静于风前观者不觉心旷而神怡也几乎六出乘时缤纷一瑞华表/共沾启柴扉视之玉树连云向阳而垂甘露瑶峰倚空映日而润枯核对纵目尤奇观也若乃苍颜白/发庐乎其间采山之美而茹摘木之鲜而食坐石临流逍遥倘徉德长乐其乐也因而遐思兹隅胜概/得斯人添修以壮观之则兹隅山木独秀之名始隆也兹胜概述为文以永识之则斯人首尾作成之/怀始□也谓余为德长作记者谁锦川诗礼传家邵聪字天赋也

时正德岁次庚辰仲冬平阴县庠生胡振纲孔子村中人撰

嘉靖拾捌年重修观音堂道人万循栾茌平县此石刻为后人补刻

三泉庵下有一座相对完整的古宅院，从建筑风格和规模上可见主人的修养和地位。主道两旁有两棵椿树，一香一臭，"一路之隔，香臭明分"，好似在用树做教材告诉子孙：人生在世要明是非、懂善恶、知香臭。院内还有一株皂角树，据传比村子的历史还要早，大概有近千年的历史，它见证了贤子峪的风雨沧桑。

观音堂为三泉庵内的正殿，于明正德年间，由茌平人安德长所建。东西面阔 3 间、8 米；进深 1 间、3.5 米，前有抱厦。木石结构，灰砂石覆顶，四周有女儿墙、流水沟，房顶部分塌陷。前有八棱石柱两根，上有平面磨光浅浮雕刻花卉图案，覆莲坐柱基上，格窗木门。拾 7 级台阶而上，进入大殿，殿内旧有观音等塑像及壁画。

在观音堂正殿前西侧，有一通清同治六年（1867）的《重修观音堂碑记》碑刻，高 185 厘米，宽 78.5 厘米，厚 21.5 厘米。碑刻圭首，碑文楷书阴刻 8 行，满行 30 字，字迹清晰。碑文如下：

图 8.12　位于贤子峪东侧半山腰处的三泉庵，过去是学子们读书之处，几经重修（2018 年摄）

图 8.13　由石块垒筑的低矮围墙和随墙门，紧倚村巷，从外面便可看到院落内的景象（2018 年摄）

重修观音堂碑记

志载函山岱西村观音堂自前明创建以来重修不一吾七世祖也 / 颠公 / 始营岱西书院于函山诸庙宇亭阁皆重修又兼多创建迄今重修亦不一咸 / 丰壬子族弟仙坡撰三教堂碑志悉载在珉石无庸复叙至函山八景久荷名 / 公题咏亦无庸复赘然观音堂自道光丙申重修仅三十馀年耳而风雨剥 / 蚀梁栋摧残檐厦几就倾圮欲营修殊甚不易岁次丙寅年颇丰稔余意欲再 / 行重修而世居此土者亦愿各输钱资遂鸠工庀材易其栋楱新其神像凡数 / 月而工始竣非敢谓敬神如在之诚即此已尽抑亦承前人之绩不敢谢不敏 / 耳是为记

八十二岁老人张文义　　　　耆宾张春震　　　乡饮宾张同岸
监修耆宾张春游重修并撰文乡饮张同峨镌字府庠生张同乐书丹善人捐输钱数略

同治六年岁次丁卯花月立

伏魔殿位于三泉庵东侧，为长、宽各 4 米的正方形石结构建筑，攒尖叠石顶。朝西的门楣上有篆书斜刀阴刻"伏魔殿"3 字，殿内顶端雕刻有涡旋图案。该殿因建造结构与济南四门塔相近，故又被称为"小四门塔"。当地人视伏魔殿为圣地，可以降服妖魔鬼怪。

伏魔殿前立有《重修贤子峪观音堂碑记》碑，高 227 厘米，宽 93 厘米，厚 18 厘米；碑刻圭首，碑文楷书阴刻 13 行，满行 40 字；所记为明万历戊戌年即万历二十六年（1598）重修观音堂之事。碑文如下：

重修贤子峪观音堂碑记

邑人庠生文字李见龙撰

邑人所谕王诰书丹题额

乔口东方有贤子峪虚岩鸟应半岭通人泉甘□□生民鲜亦隐幽之所盘旋潜心儒业者恒卜居之/旧岁建/观音行宫于上配有关圣玉居莫纪其详迹来年久崩损学舍丘墟虽有僧道相继住持谓之□舍前也/曾有易一椽覆一瓦者矧肯时葺而整饬之创造而添设之者乎当今/圣天子御极之岁年比丰绕梁君士文与吾家君数辈元旦登山共坐倏忽喟然叹曰斯堂也创之者何人/吾侪宁甘其颓敝而不为之所乎任君兴□□曰比吾宿心也奈工用浩繁近是居者地瘠民贫其何以/济必欲兴念倾诚莫若约众立会□□何□峰赵君腾掌簿籍书□任君存德掌钱粮出纳积不载颓者/补之废者兴之

□者创之添设门楼高缭垣墙建其钟鼓整其禅堂而神像相继亚绘也一跳重巅而环/望虽无丹霞翠壁远近映楼阁但见晨钟暮鼓香霭罗幡幢□之颓然潸然者今□厘然焕然焉峪曰贤/子而堂之三泉右池玉莹澄清名曰原洁不亦可乎众曰唯遂乞余言耆石以续声者予以□□□媚神/未必获应无心造福神必佑之后有质贤淑而心原洁者出于其间未必非一□□□□□□□□□□/以文示后亦非以功

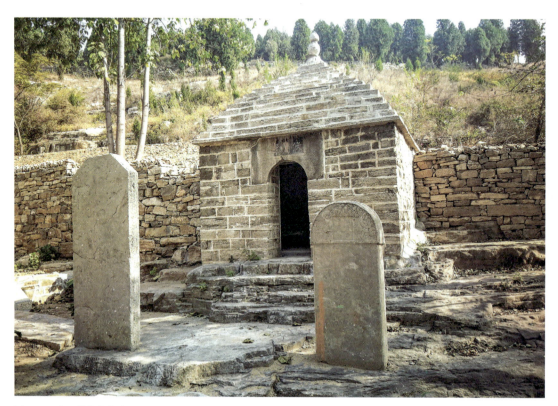

图 8.14　全石结构的伏魔殿，攒尖叠石顶，殿前立有两块石碑（2018 年摄）

图 8.15　石质墀头，上刻"福"
"寿"等吉祥文字（2018 年摄）

图 8.16　石质墀头，上刻"福"
"寿"等吉祥文字（2018 年摄）

图 8.17　大门两侧的门柱石，刻有简洁
精细的石纹图案（2018 年摄）

图 8.18　伏魔殿内顶端雕刻有涡
旋图案（2018 年摄）

睿众者但生斯地也睹斯举也甘默默无言后世将□□□

而不□谁之所为矣故／乐为言以启佑后人凡聚义社□费者施
财助工者咸附其名于碑阴

时万历戊戌孟冬吉日文林郎知平阴县事徐州牧典史杨伦德儒
学教谕刘存礼

训导□□之石匠尹世英子尹尧民等木匠黄殿泥水匠袁子周

住持道人王靖安

伏魔殿前南侧还立有明嘉靖二十九年（1550）的《贤子峪重
修庙堂记》碑，高 163 厘米，宽七十厘米，厚 22 厘米。碑刻圆首，
碑额篆书 6 字"重修观音堂记"；碑文楷书阴刻 20 行，满行 40 字。
碑文如下：

贤子峪重修庙堂记

　　古今庙堂之建立非徒为世俗观瞻之迹而已因迹以求其义因义以寻其本藉是而观世道之隆替可／以□风俗之盛衰由风俗之盛衰可以知人心之美恶欲知人心之美恶于何而徵之观其一念向善可／以□鬼神而无忝推是念而建立庙宇图写神像庶两有所得苟存心不善而外假法家佛氏之说则虽／广置殿阁多塑神像竟何益耶洪惟我／□□立法定制神之正大者建位崇号俱有定额无容议已而其因时□酌宜于土俗便于人情者若寺院／庵观之设亦未见其太禁焉自我平阴境内观之凡神庙之建难以指陈兹观贤子峪在桥口庄之东四／围皆山古号为三泉峪其地之僻静时乎□也□□而阴时乎春也粲然而荣宜为神像之所处幽人之／所居者也兹非平阴东南隅之一盛概处平岁之正德丙寅道人德长俗姓安始□是山之秀丽蓊荆棘／平怪石建堂图像以居之既而继之者乏人庙宇为之颓败图像为之默昧有道人德宽姓万名伯药桥／庄口之族人也于嘉靖庚子时年七十洁心修行开垦山田剪字而□□疏发石而清泉流堂之缺者补／之像之湮者整之堂之四旁种桃数百株其余所植树遍满山峏皆其治山之功也岁之庚戌复创建关／公庙一所图像既成揖予言曰竭力修造山人事也功绪虽肇自前人继而完而增之者德宽与二三道／友为之也愿得

图 8.19　嘉靖二十九年（1550）《贤子峪重修庙堂记》（2018 年摄）

图 8.20　万历二十六年（1598）《重修贤子峪观音堂碑记》（2018 年摄）

图 8.21　全石结构的囷顶房院落，大门也由石块搭建而成（2018 年摄）

一言以为记予默然思且念之曰有功者宜纪于后记事者必指其实若
德宽年已七十 / 不忘修省行可与也整庙貌开山田植佳树绩可纪也
功已告成欲传于后而使之人继之心可谅也其 / □□为□□□言无
实者比予于是乃属其嶙山之耆老即其易晓者而告之曰观音菩萨之
神尝闻其 / □救人苦难其像当崇关公之神忠义昭着庙貌宜建也德
宽之谒予为记亦有关于世教也于是因实 / □以书之石俾嶙山居之
人知二殿之建立出于人心之向慕则可以得建庙之本知人心之向慕
始建 / 堂塑像以为世俗劝则可以得建庙之义思建庙之义而互相告
戒则不敢视之为陈迹而俨然起敬庶 / □人心之神质之所图之神无
负已世之人人顾堂思义去恶从善则世道益隆风俗益美其余我 / 国
家化民成俗之意不亦少神也哉此记之所由作也后之君子其谅之哉
　　大明嘉靖岁次庚戌孟冬之吉平阴县学生□河朔维蕃撰
　　署平阴县事肥城县主簿顾节典史罗仰
　　儒学教谕朱文训导张粟
　　镌字匠周大纲同立
　　送子观音堂与三泉庵在峪南山腰处遥遥相对，一开间，坐南
朝北，木石结构，是一个正六边形的平顶建筑，室内南墙上方刻
有"白云阁"三字，落款为"甲戌怀二甫建"六字，为平地阴刻
隶书。

图 8.22　无围墙的民居院落依山势而建，形制比较自由（2018 年摄）

函山书院旧址位于三泉庵西侧，建筑面积五十平方米。因此处三面环山，形像"函"字，故名函山书院。又因该书院处于泰山以西，周围山脉又是泰山余脉，故又名岱西书院。据传该书院由明代贡生张宗旭所建，曾培养了五位明代进士。在书院内的墙壁外侧有一洞，据当地人说是当时书院用于藏书和经文的，故名为"藏经阁"。当年文人墨客络绎不绝，多有吟诗题记；如今书院虽已破败，但先贤遗风尚存。

4. 村落民俗与非遗传承

贤子峪村虽为地处偏僻的小山村，但山村书香浓厚，诗意盎然。"寻花绕寺""弄石临溪""坐爱枫林""明月松间""临水弄石""金牛洞"等村内众多的摩崖石刻，不仅文字充满诗情画意，而且其书法撰写或篆隶或楷行，或阴刻或阳刻，手法多样，书写遒劲有力，兼收并蓄，无不彰显着这个并不起眼的山村所拥有的文化气息。

　　贤子峪村的建立与历史上一位名士不无关系，他就是明代曾任陕西新城县令的平阴人张承宠之子——张宗旭。早年考取贡生的张宗旭，步入官场后，也曾意气风发，想为国家做一番事业，但当他身入其中后却发现官场黑暗，远非自己心中所想。适时正

图 8.23　民居院落大门，石门框上部有简洁的石刻花纹（2018 年摄）

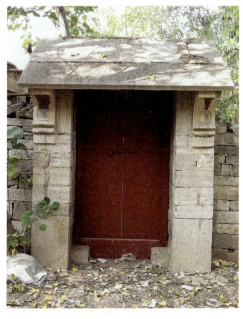

图 8.24　村中的院落门楼比较低矮简洁，顶部用石　　图 8.25　院落大门普遍建造简单（2018 年摄）
板搭建（2018 年摄）

图 8.26 民居院落围墙比较低矮，透过围墙可看到院落内部（2018 年摄）

图 8.27 村中民居院落围墙由石块垒砌而成，比较低矮（2018 年摄）

值明末，社会动荡不安，战乱盛行，民不聊生。张宗旭慢慢心灰意冷，遂生隐居之心。偶然间，张宗旭闲游至此，发现此地三面环山，泉水潺潺，可谓山清水秀、幽静宜人，宛如"世外桃源"，是隐居的最佳之处。于是，张宗旭便辞了官职，携家眷来到山峪定居。居于山峪中的张宗旭并没有整日无所事事、流连山水，而是担起教书育人之职，并在山峪中创建一处书院，取名为"函山书院"，并在书院旁边又建起一座别墅，从此过起教书育人、隐居山林的悠然日子。而后人也在此扎根繁衍后代，开田种地，村落渐成，并逐渐繁盛。

张宗旭学识渊博，曾著有《古欢堂类疏》16卷，他也是顺治《平阴县志》的修纂之一。张宗旭对学子爱护有加，传道授业解惑，可谓倾囊相授，函山书院逐渐声名远播，吸引了众多文人学子聚集，书院也培养出了一大批文人贤士。据记载，平阴著名的"明代八进士"中，就有何海晏等五位先贤曾经在函山书院中读过书。随着书院人才辈出，名望渐高，这座隐于群山苍柏间的山峪，又被赋予了一个新的名字——贤子峪，取众多文人贤士出于此之意。

历经百余年，如今的贤子峪虽没有了当初的繁华兴盛，但遗留于村落中的书院、观音堂等历史遗存，仍见证着这个小山村曾经书声琅琅、香火缭绕的岁月。

玖　东峪南崖村：黄土坡上的平顶村

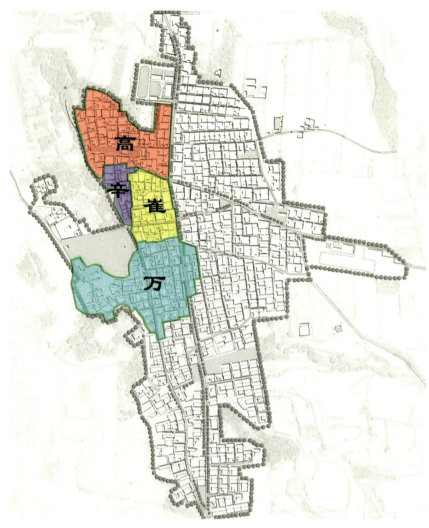

图 9.1　东峪南崖村
姓氏分布图

1. 地理环境与历史沿革

　　东峪南崖村隶属山东省济南市平阴县洪范池镇，位于镇驻地东南部 2.8 千米，距离省道 301 线 1.4 千米，区位优越，交通方便。东峪南崖村因地处扈山之东、扈泉东西大沟之南而名之为东扈峪南崖村，简称东峪南崖村。

　　东峪南崖村历史悠久，早在夏、商时期就有人们在这里居住。明清年间，古村遗址位于村庄西北部，高氏、崔氏、万氏人家最早迁此居住，逐渐形成村庄的雏形。根据家谱记载，高姓从章丘而来，万姓从济宁而来，崔姓则从青州而来。因此，村庄曾称作东扈峪高家庄、东扈峪崔家庄、东扈峪万家庄。后来，随着辛姓、李姓、张姓、苏姓等外来姓氏的相继迁入，东峪南崖村居民生息繁衍，人数逐渐增多，村庄规模不断扩大，村落开始向周边山体方向扩展。日久年深，逐渐形成了现今传统村落的基本风貌。

村庄历经沿革，明清时期，曾属东阿县哲明乡哲七里扈峪村南崖村、哲八里高家村。数百年间，几经易名。1984年，村子开始被称为东峪南崖村；1984年5月至1985年9月，为洪范池区洪范池乡东峪南崖村；1985年9月至1993年3月，为洪范池乡东峪南崖村；1993年3月起，始为洪范池镇东池办事处东峪南崖村。

2. 村落空间格局

东峪南崖村有万家街、高家街、崔家街三条街道，在原有主街的基础上，又将其强化，不断生长出10余条巷道和入户小道，共同构成村庄的主要交通系统。

村落内很多历史建筑已坍塌损坏，残垣断瓦散落地面，但依然遮掩不住古村透出的厚重的历史文化气息。东峪南崖村中比较有名的古迹名胜有：

文昌阁位于村落的西北角，阁下的一座石门，是全村唯一进出的通道——城门。文昌阁和城门为连体建筑，阁内塑像为新修。

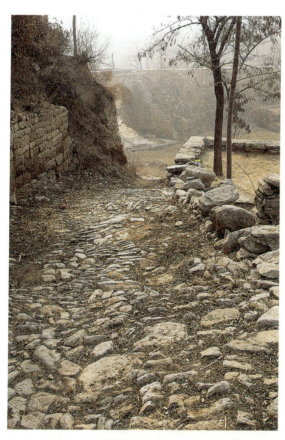

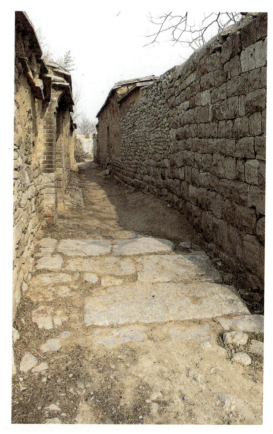

图9.2　村内上下坡街巷多以不规则石块铺就，易走防滑（2016年摄）　　图9.3　村中安静悠长的石板小巷（2016年摄）

石头拱门修建于清康熙二十二年（1683），门下是已经被磨得发亮的青石板路。青石拱门凭借地势修建于一条河道之上，水大时石门是泄洪水道，整座阁门就成了一座桥梁；枯水期石门就成了村民进出村子的通道。拱洞内，规整的青石层层堆砌，严丝合缝，极其结实坚固，显示出那个时代严格的施工要求。

立交古桥位于文昌阁东50米，上通南北，下通东西。桥身全部用大型青石叠砌而成，历尽风霜雨雪，未曾损坏。此桥应建于清朝初期，具体年代不详。桥北头有桥头堡，桥的正东原有高家大戏台，村中传说高家的高老太腿脚不便，为方便看戏而修此桥。

大寨山位于村落东部，因山上有古山寨而得名。大寨山上现有保存完整的古山寨寨门和数百间石头房。大寨山海拔496米，为鲁西地区最高的山。山上风光秀丽，名胜古迹众多。大主峰北侧有一陡峭山峰与山崖裂开近一米的缝隙，雨前阴云从石缝中喷出，甚是好看，曰"壃山出云"，为古东阿八景之一。

扈泉位于东峪南崖村的西偏北方向，为济南市新七十二名泉之一。明万历九年（1581），由于慎行、邢侗、孟一脉、朱维京四人合写"扈泉涌碧"四个摩崖大字。

图9.4 位于村西圩子墙上的文昌阁（2016年摄）

图 9.5　文昌阁内的塑像，香火
依旧旺盛（2016 年摄）

图 9.6　位于村子西北向的扈泉
石壁（2016 年摄）

图 9.7 村内充分利用高低错落的地形布置道路桥梁和民居建筑（2016 年摄）

图 9.8 民居建筑多以平顶土石头房为主，腰线以下是石头，以上是土坯（2016 年摄）

图 9.9　百年古井旁是村民们的公共活动空间（2016 年摄）

　　村落有古井多处，有的已经废弃，有的还在使用，位于村中心的一口上百年的古井，井水清凉甘洌，水质甜软。村民平时不仅打井水做饭洗衣，还将此处当成了公共活动空间，三五成群的妇女端盆提桶聚于古井边，唠起家长里短，村闻趣事，好不热闹。

3. 典型历史建筑

　　济南平阴一带的民居建筑以平顶土石头房为主，即墙体腰线以下是石头，腰线以上是土坯，或者门框、窗框是石头，其他墙面是夯土。屋顶同全石头的平顶房一样，也是石灰墁坡屋顶。

　　东峪南崖村的平顶土石头房民居，以三合院和四合院居多，院落宽敞。东峪南崖村内的房屋建筑，无论是大户人家还是寻常百姓，房屋屋顶都采用平顶，屋顶用石灰抹成慢坡，呈一条缓缓弧线，和墙体形成一种曲直的对比关系。年深月久，石灰与屋顶浑然一体，为房屋增添厚重结实感。

　　历史上山东平阴一带的汉画像石非常著名，因此，汉画像石的雕刻手法和图案也被较多地运用到民居建筑中。但因受雕刻技法和经济条件所限，东峪南崖村人在民居建筑中，多将石雕图案

图 9.10　村内民居多为囤顶房（2016 年摄）

图 9.11　东峪南崖村传统建筑分布图

图 9.12　清乾隆五十五年（1790）关帝庙前重修过街棚碑记（2016年摄）

集中运用在过门石、窗台石上，图案也以几何纹样为主。纹样简洁粗犷中透着精细，颇有汉画像石的遗风，又因其恰到好处的运用，使整个民居显得古朴大气又不失精美。

古村中，祠庙、楼阁、古桥、古井、泉水、碑刻、石雕等历史文化遗迹星罗棋布。目前保留有明清建筑 300 余处，房屋 2000 多间，主要集中在村西部的万家街、高家街、崔家街三条街道和十多条胡同中。在村中遗留的明清建筑中，重点历史建筑有：

高家大院位于村西关帝庙前一胡同的中部，两进院落，门楼高大，砖石结构，青石根基直至墙体腰线，腰线以上为青砖砌筑。门楼之上有一段矮矮的女儿墙，两垛之间用灰瓦正反错落交叠加

图 9.13　村内关帝庙已破损废弃（2016 年摄）

图 9.14　村内的高家祠堂（2016 年摄）

以装饰。门楼檐下的木雕挂罩，造型简朴。

　　走进大门是第一进院落，院内建筑已被改造很多，与大门正对的二门，即屏门，较有特色。屏门正面为中式传统门楼，砖石结构，青黑小瓦覆盖屋顶，两侧墙体上有砖雕墀头，门后伸出的部分是由四根木头立柱支撑形成的罩棚，屏门正对的罩棚木板面相当于影壁，进出院落由棚下两侧而行。穿过屏门是第二进院落，即主人居住的正院。正院建筑全是砖石结构。正院内北屋面阔三间，一门二窗，在东窗的屋顶上面加盖了二层建筑，在屋顶的剩余三面修建一米高矮墙。正院东屋同样是一门二窗，在东屋北窗的屋顶上面加盖了二层建筑，在屋顶剩余三面修建一米高矮墙，用于防护。屋顶平台上均留有排水石槽，以防雨天平台积水。这种不完全封闭式的二层建筑，其功能既可以居住，又可以晾晒，非常实用。

　　万家大院为三进院落楼房四合院，是东峪南崖村最高大宽敞的院落。万家大院门楼高大，院门精致，木雕、石雕、砖雕都十

图 9.15　高家大院的两进院落，院内楼房建造精良（2016 年摄）

图 9.16　高家大院房顶有女儿墙，并留有水溜子（2016 年摄）

图 9.17　村里的万家大院，二层楼房，内有木楼梯通向二层（2016 年摄）

图 9.18 村内的传统大门，拱形门上方的石雕、砖雕极其讲究（2016 年摄）

图 9.19 雕刻精美、保存完好的传统大门（2016 年摄）

图 9.20　民居石窗框上的雕刻纹样粗犷古朴（2016 年摄）

图 9.21　传统民居屋顶的木梁架（2016 年摄）

图 9.22　民居正房门前精美的木雕挂罩（2016 年摄）

分讲究，楼房坚固如同城堡，内有木楼梯通向二层，楼顶平台可以俯瞰全村。

　　辛家楼现为两层，面阔三间，一门二窗，两窗为木石结构，条石窗框，木条窗格，朴素简洁。正屋门建造精致，木雕、石雕、砖雕都十分讲究，在东窗的屋顶上侧建有二层建筑，一侧墙体有圆形开窗。屋顶剩余三面修建一米高矮墙，加强防护。屋顶平台上设有两个排水石槽，用于雨天排水。辛家楼高大气派，坚固如同城堡，一楼内有木楼梯通向二层。

4. 村落民俗与非遗传承

长期以来，东峪南崖村人以农耕为主，过着日出而作、日落而息的劳作生活，为增添生活趣味、缓解紧张忙碌的生产劳作，在农忙时节之外，高跷秧歌成为当地村民最喜欢的一种娱乐项目。

东峪南崖村的高跷秧歌历史悠久，已流传400多年。据说，早在明代万历年间，东峪南崖村有位从关里来的青年，带来了关里的高跷秧歌，并在村中拉起24人的表演队伍，这是村里最早成立的高跷秧歌队。至清康熙年间，村人万珍得到了一笔银子，在全村大庆，并对高跷秧歌队大力支援，使村里的高跷秧歌又重整旗鼓，雄威再振。中华人民共和国成立后，东峪南崖高跷秧歌受北方文化影响，又经知名艺人口传身授，技艺已颇娴熟精湛，成为最受民众欢迎的娱乐活动。

作为一种群众喜闻乐见、具有浓厚地方特色的民间艺术，东峪南崖高跷秧歌以风格喜庆热烈、表演技术精湛，令人叹绝。一般以舞队的形式表演，舞队人数十多人至数十人不等，舞者大多扮演某个古代神话或历史故事中的某一角色，其服饰也多模仿戏曲行头。常用的道具有扇子、手绢、木棍、刀枪等，表演形式也有"踩街"和"摆场"两种。摆场有舞队集体边舞边走各种队形图案的"大场"和两三个人表演的"小场"，角色间多是男女对舞，有时边舞边唱，且听且看，颇具观赏性。

进入21世纪后，东峪南崖高跷秧歌不仅在技巧上不断突破创新，而且队伍也日益发展壮大，一度普及到附近村落，有的村落甚至出现一村一队都有高跷秧歌队的景象。除此之外，东峪南崖高跷秧歌队已成为一支训练有素、组织有序的专业队伍。至2012年，东峪南崖高跷秧歌队已有120人，人员平均年龄28岁，队伍由传承艺人李德荣、马学文组织。秧歌队外出展演时，由村集体领导带队，村内领导参与指挥。目前，东峪南崖高跷传承人为高峰祥。

东峪南崖村地处丘陵地区，房屋多是半石半土的民居样式。然而，东峪南崖村的土墙不同于其他地方的土坯墙，而是采用一种"土坯房"技艺。这一独特的制作方式，成为当地具有地方特色的一种建房技艺。早期建造房屋，多是石头框架，石门窗过梁，生土版筑围合。"版筑"是建筑泥墙的一种古老方法，其名称来源于建造这种泥墙的工具。"版"指的是夹墙版，俗称箔或版箔；

"筑"指的是捣土的杵，后来也有用夯的。这种版筑立墙造屋的方法历史悠久，其建造的土墙也异常坚固。

在长期生产实践中东峪南崖村人也不断寻找着发家致富的门道。其中制作绿豆粉皮并加以售卖，便成为村人获得经济收入的生产方式之一。

东峪南崖村人用当地盛产的绿豆加工手工粉皮，制作工艺细致繁杂，经调浆、旋粉皮、晾晒、打捆等十多道工序制作而成，做出的粉皮远近闻名，晶莹透亮，口感筋道、柔软滑润。村民李存堂更以精湛的技艺、几十年的制作经验，成为东峪南崖村绿豆粉皮制作工艺传承人。

绿豆粉皮制作工艺如下：

（1）用 25 千克绿豆在 50℃的温水条件下浸泡 5 小时，冬季可用 90–100℃的热水浸泡，使其膨胀，浸泡时可用小木勺或竹片等器具搅拌，使杂物漂浮水面，用勺撇除。

（2）将浸泡好的绿豆用清水冲洗 2 遍，冲去泥沙等杂质。

（3）将冲洗好的绿豆添入石磨，进行磨浆，在磨浆过程中可边添绿豆边加少量水，以磨成糯糊为宜，一遍即可。磨得不细也可磨 2 遍。

（4）将磨出的糯糊放入细箩中过滤 2 次，将箩上的粉渣除去，箩下的粉汁放入水盆中浸泡一两天，使淀粉沉淀，撇除水分，这样 25 千克可出湿粉块 12.5 千克。

（5）将粉块用凉水调匀成糊状，再依次用小木勺约盛半碗倒入旋锅中，把旋锅再放在滚开的水锅中旋转约 30 秒，再加入少许热水，把旋锅埋入冷水中，将凝固成形的粉皮从旋锅中剥下取出。

（6）把刚旋出的湿粉皮贴在竹帘上晾晒，晾干即可。

（7）将干粉皮存于通风干燥处，能保持 4 个月以上不变质。

图 9.23　村内不少民居院落正房前，还保留着石供桌（2016 年摄）

拾

东阿镇：

千年古镇　阿胶之乡

1. 地理环境与历史沿革

　　东阿镇位于山东省济南市平阴县西南 25 千米处，东距济菏高速 10 千米，北距 105 国道 13 千米，220 国道贯穿东阿而过。

　　东阿地处鲁西南，全境多山多水，地势易守难攻，自古为兵家必争之地。早在春秋之时，诸侯争霸，皆大战于古东阿，齐桓公成为春秋五霸之首后，古东阿便成了齐国西南方门户要地。古时此地地处齐国和赵国边境，赵国人称"西阿"，齐国人称"东阿"，也就是谷邑，齐桓公赐谷邑为管仲之食邑。境内水患较多，故而六次迁徙，每次迁徙都有不同的称呼。秦代称谷城，因古时东阿盛产五谷，神农氏尝此地五谷，故为"谷"。明洪武八年（1375），为东阿县驻地。1949 年前，东阿县驻地移往铜城，将原址划归平阴县称东阿镇至今。

　　东阿镇下辖 55 个行政村，镇域总面积 95 平方千米。全镇人口 4 万余人，以汉族为主，占总人口 99.75%。镇内耕地面积约 4.92 万亩，主要生产小麦、玉米等农作物。镇内现有企业 20 余个，主要从事阿胶、复合肥料、机械加工、建材加工等行业。其中阿胶生产工艺已有两千多年历史，由于其独特的特产文化，被国家命名为"中国阿胶之乡"。

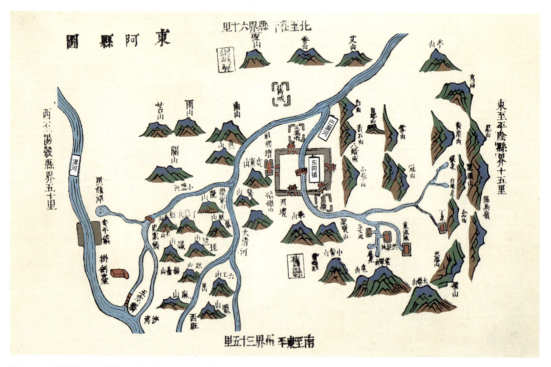

图 10.1　东阿县在清康熙二十五年（1686）《兖州府志》中的位置（此图据原图着色）

2. 镇域空间格局

东阿镇属黄河水系，镇内有三条主要河流：过境河流（黄河、浪溪河）以及境内河流（龙柳河）。黄河在东阿镇内流向东北。浪溪河由三条较大的溪泉汇聚而成。龙柳河属季节性河流，汇聚镇内东部山区洪水，流入黄河。全镇地势东高西低，东部山区西部平原，泰山余脉横贯东西。

东阿镇，原是老东阿县城，浪溪中流，城分东西，因此境内分东西两部分。镇内保留的传统民居多集中在明清阿胶作坊一条街内，怀德堂、树德堂、景春堂阿胶作坊旧址、牛氏府邸、殷氏府邸、涂氏府邸等，民居多依地势而建。

图 10.2 浪溪河鸟瞰图。河分两城，永济桥东西横跨于上，连通两城（2023 年摄）

图 10.3 东阿镇鸟瞰图（2023 年摄）

3. 镇域典型历史建筑

　　东阿镇的传统民居以四合院形式为主，建造整齐，一般由大门、主屋、耳房、厢房、配房、栏圈等组成。坐北朝南的四合院，院门开在东南角。主屋是四合院中心，规格最高，木雕、砖雕精致，房屋坐北朝南，作客厅使用。主屋两侧设有耳房，院落东西两侧各设两间厢房，称东西厢房，东厢房作厨房使用，西厢房作卧房使用。院落南侧设配房3间，与主屋3间成对称关系，供居住使用。栏圈一般设置在院落西南角，由于每户院落面积和地形的差别，栏圈的位置也灵活多变。东厢房山墙设座山影壁，青砖、格纹、雕花等铺陈形式丰富。院落内房屋长约2.5米，深约3.5米。

　　镇内至今保留有明清时期的传统民居300余间，多集中在明清阿胶作坊一条街，怀德堂、景春堂等阿胶作坊旧址就在其中。街道两侧为二层楼房，一层商用，二层居住。民居建筑多是砖木结构、小青瓦顶、沿中轴线对称。墙体采用"里生外熟"的砌筑方式，土坯夯实墙体，外用青砖包裹，美观坚固。红石为基，青石为门，少数院内青砖铺地。民居的木雕、砖雕、石刻非常细腻，透雕镂花木门窗以及方形、古钱币形石窗形式丰富，门、窗、檐上的木雕纹样有神话故事、走兽花鸟等。

图 10.4　东阿镇老东门（2009 年姜波摄）

图 10.5　东阿镇内文庙牌坊（2009 年姜波摄）

　　明清阿胶作坊一条街以外的传统民居中，一部分民居为前檐廊下结构，由小青瓦屋顶和青砖墙体组成，前檐廊下设置三座青砖拱形门洞。院内土路铺地，木质门窗，无透雕镂花样式。整座建筑除拱形元素外，无装饰。

图 10.6　东阿镇传统店铺，砖木结构，硬山顶，前出廊，砖柱上方作 3 个拱形过梁（2009 年姜波摄）

图 10.7　前出廊结构的东阿传统店铺手绘图（何静绘）

　　树德堂不同于镇内其他传统民居，高大的门楼刻满砖雕、木雕，雕花样式不完全对称，富有另一种美感。青瓦顶、青砖墙、木头窗样式精致。现墙体青砖脱落，裸露出里层的土坯砖。树德堂墙体做法与明清阿胶作坊一条街的民居墙体"里生外熟"砌筑方法相同。

图 10.8　树德堂旧址，大门精美的砖雕令人印象深刻（2009 年姜波摄）

图 10.9　庆丰恒楼砖拱过梁大且规整（2009 年姜波摄）

　　顺和楼牛氏肴肉铺位于永济桥西 70 米路南，为商用二层青
砖木质结构建筑，门窗皆为拱形，已有 300 多年历史。

　　除传统民居外，东阿镇内还保留着永济桥、浪溪河、黄石公
祠、张公生祠等历史遗存。

图 10.10　顺和楼牛氏肴肉铺为商用二层青砖木质结构建筑，拱形砖过梁门窗，保存较好（2009 年姜波摄）

图 10.11　树德堂旧址（2009 年姜波摄）

图 10.12　永济桥石望柱上的石狮、石猴等形态各异，两侧各 16 根，共有 7 组石狮、11 组石猴（2023 年摄）

永济桥位于东阿镇老城，东西向横跨浪溪河，距今 400 多年。永济桥原名狼溪桥，明洪武八年（1375）建成。明弘治十三年（1500）重修为三孔石桥，后损毁。明嘉靖三十三年（1554）更名"永济桥"，修建为单孔木桥。明万历四十年（1612），改为单孔青石拱桥，桥洞中心南北两侧分别雕霸下镇水兽。清道光九年（1829）将"狼溪河"更名"浪溪河"，桥为"浪溪桥"。民国十七年（1928）更名"中山桥"。1931 年改回"永济桥"古名。

该桥属单孔石拱桥，通体青石砌筑，长约 55 米，宽约 6.25

图 10.13　永济桥东西横跨浪溪河，单孔石拱桥，其上石狮石猴雕刻精美，石镇水兽位于正中央（2023 年摄）

图 10.14　浪溪河原名"狼溪河"，位于老东阿县城，这处横跨河上的是永济桥（2009 年姜波摄）

米。为保障安全，桥面两侧设青石护栏，由石栏板和石望柱组合砌筑而成。两侧石栏板各 15 块，其上雕刻着两排图案，上层为花卉纹，下层为几何纹，精美非常。为迅速排出桥面积水，缓解水流对石桥的破坏，每块石栏板下方各留一对流水孔。石栏板间放置方形石望柱，两侧各 16 根。中间 8 组石望柱柱头雕 7 对石狮和 1 对石猴。石狮神态动作各不相同，或威武或慈爱、或立或坐。桥东第五对石猴较为特殊，南侧石猴为坐姿公猴，北侧石猴为单腿跪姿母猴。。券拱拱额中心雕镇水兽，后在桥西南侧燕翅墙下挖出一只蚣蝮镇水兽。石桥历经百年，其上皆有破损，桥西北侧的第一个石狮损毁最严重，今仅存1/3。整座桥青石砌筑方式严谨，不易塌陷，石雕精美，是济南市现存最大跨度的古石拱桥。2013 年 3 月，永济桥被评为第七批全国重点文物保护单位。

　　黄石公祠旧址位于谷城山下，距东阿镇北 500 米。黄石公，又称圮上老人，秦代隐士。其著作多已失传，唯兵书《黄石公三略》三卷留存。祠正殿有唐代雕刻的黄石公、张良石像。二者呈面对面形式立于大殿中央，黄石公盘膝端坐，双手平置于双膝，张良双手在其头顶呈跪拜姿态。黄石公祠初建于汉朝，久经风雨侵蚀损坏严重，现仅存汉代碑碣、唐代《黄石公祠记碑》、宋宣和诗刻碑各一块，宋代题款石香炉一个。

　　谷城山又称黄山，山顶有一巨石名谷城黄石。高 20 米，巨石范围约 70 米。"黄石公洞"为人工开凿石窟，位于巨石西北方悬

图 10.15　永济桥石望柱邻近两组石狮，形态各有不同，石雕细腻精致，雕工精湛（2023 年摄）

图 10.16　永济桥上的石狮子造
型古朴生动（2023 年摄）

崖之上，深 3.5 米，高 2.8 米，内径宽 3.6 米，洞内沿壁放置黄石公石雕像，高 1.5 米，盘膝端坐，该雕像为明代所建。巨石南侧石窟属于黄石公祠，内置 3 间，立黄石公石坐像，为明代所建。

黄石山上还有块《黄石公祠记碑》，立于唐代大历八年（773），原立于黄石公祠旁，俗称"唐碑"。此碑记录了黄石公、张良等历史名人的事迹。该碑的碑身与碑帽为一体，高约 205 厘米。碑帽为唐代螭龙浮雕风格，下有龟趺，阴阳两面各题"前试义王府仓曹参军裴平书"。阴面圭首额题篆书"济州谷城黄石公祠记"。正文隶书为"黄石公祠记""布衣赵郡李卓撰"。

《张公生祠记碑》又名"四进士碑"，位于东阿镇张公生祠前，张公名张风彩，号南禺。该碑立于明万历三十五年（1607），1984 年被平阴县博物馆收藏。碑高约 2.62 米，宽约 0.82 米，厚约 0.21 米。碑题篆书"东阿县张公生祠记"，平地阴刻，3 行 8 字。正文柳体楷书，尖地阴刻，18 行 730 字。首行为"赐进士出身太子少保礼部尚书兼东阁大学士邑人于慎行撰文"。第二行为"赐进士第南京通政使司掌事通政邑人孟一脉篆额"。第三行为"赐进士第山西布政使司右布政使邑人乔学诗书丹"。该碑记述了建祠过程及张公政绩。

图 10.17　《黄石公祠记碑》，俗称"唐碑"

4. 镇域民俗生活与非遗传承

东阿镇身为千年名镇，非物质文化遗产传承及民俗尤其多，镇内有国家级非遗东阿镇福牌阿胶制作工艺，市级非遗黄石公祭祀、于阁老故事与传说、管仲三归台传说和少岱山庙会。

3000 年前，阿胶诞生于东阿，阿胶原用阿井之水，故名阿胶。阿井在今阳谷县阿城镇。明代起，东阿县城迁谷城后，才用狼溪河水熬胶，遂取名阿胶。东阿镇阿胶用材皆为天然，历朝历代医药学著作如《本草纲目》等，皆有记载。明代时，东阿镇阿胶已达妇幼皆饮的鼎盛时期。镇内阿胶作坊众多，以"邓氏树德堂"和"涂氏怀德堂"为主。清咸丰年间，邓氏树德堂的阿胶治好了皇帝宠妃，使宠妃顺利诞下同治皇帝，遂咸丰帝赐予"福"字，东阿镇阿胶正式命名为福牌阿胶，为皇室御用。新中国成立后，东阿镇建立了中国第一家国营阿胶生产厂——山东平阴阿胶厂，为中国阿胶行业"中华老字号"。2008 年，传承近 2000 年的"东阿阿胶制作技艺"被列入第一批国家级非物质文化遗产扩展项目名录。东阿镇也与景德镇、茅台镇一起并称为"中国三大名优特产镇"。

图 10.18　永济桥用全石砌筑，石栏板雕花卉等纹样，石望柱顶置石猴、石狮，桥拱中央刻石蚣蝮镇水兽（2009 年姜波摄）

东阿镇福牌阿胶制作需 49 道工序，30–60 天完成，熬汁、煎胶、收胶、凝胶、晾胶等工序缺一不可。福牌阿胶通体黑褐色，呈方块或丁，小部分碎块光下呈半透明棕色；切割面光泽度极高，质地硬脆；味道甘甜。

福牌阿胶制作工艺传承近 2000 年，已广为人知。东阿镇阿胶民谣有言："小黑驴，白肚皮，粉鼻子粉眼粉蹄子，狮耳山上来啃草，浪溪河里去喝水，永济桥上遛三遭，魏家场里打个滚，冬至宰杀取其皮，制胶还得阴阳水。"因此，阴阳水、黑驴皮、熬制技术为福牌阿胶的三大特色。浪溪河汇聚九泉之水，属阳。阿井水位于东阿镇东南方三里处，本是泉，后成井，属阴。黑驴以狮耳山草料为食，取其皮为黑驴皮。2000 年古法熬胶技艺，最终成就"千年古镇，阿胶之乡"。

东阿镇对黄石公的祭祀始于汉代。据《史记》记载，2000

图 10.19　"涂氏怀德堂""景春堂"阿胶作坊旧址碑（2023 年摄）

多年前开始，镇内村民每年都"每上冢伏腊，祠黄石"。当地人口口相传三月十八日祭祀日为黄石公诞辰，事实上只是当年刘邦与张良来寻黄石公时商定的日期，也是后来黄石公庙会的日子。经过千年传承，"黄石公祭祀"被认定为济南市市级非物质文化遗产保护项目。

每年三月十八，镇内善男信女、达官贵人、过路商人都会来此，祈求黄石公保佑平安，达官贵人、过路商人求取财富功名，将黄石公奉为神明。历代文人雅士赋诗作记，撰文刻铭，以示对黄石公的尊敬。明万历年间礼部尚书、东阁大学士于慎行也曾来此，元代元好问的《过黄石公庙》、清代王世禛的《留侯祠》等流传于世。

"阁老于慎行的传说故事"为济南市市级非物质文化遗产保护项目。于阁老名于慎行，字无垢，号谷山，明嘉靖二十四年（1545）生，万历三十五年（1607）卒。他是平阴古时候在朝廷

图 10.20 阿胶原料为黑驴皮。黑驴以狮耳山草料为食，取其皮制成阿胶（照片由东阿镇提供）

任职的众多官员中官位最高的一位，曾任万历皇帝帝师、太子少保、礼部尚书、东阁大学士等职务。曾因张居正"夺情"事件与立太子之事多次向万历皇帝上奏，万历不准，便借故告病还乡，家居十几年，极为公正严明。万历皇帝曾赐亲书"责难陈善"，暗喻其为国之忠臣。《明史》也曾多褒，功绩无数。

于慎行除身兼官职外，还是一位文学家。其著作《兖州府志》被评为中国古代十大优秀志书。于慎行也被定为山东省历史文化名人。于阁老府位于今东阿镇谷城内，门楼楣书"黄阁调元"。

"管仲三归台的传说故事"是济南市市级非物质文化遗产保护项目。管仲三归台位于今东阿镇南，"归台遗址"为古东阿八大景之一。

管仲，字夷吾，约公元前 725年生，公元前 645 年卒。曾助齐桓公成为春秋五霸之首。为了让朝廷贵族和官员更尊重自己，管仲说服齐桓公赏赐家业，齐桓公便赐其三归之家。管仲也得以在

图 10.21 福牌阿胶成品（2023 年摄）

府中筑三归台，台上有言"民人归，诸侯归，四夷归"，寓意天下归齐。三归台原是古时候贵族用于饮酒作乐的场所，台上应放置酒器、食物，但管仲却不放置，并不将其作为奢侈物件。

由于齐桓公将古城赐予管仲作采邑，因此，谷城也筑三归台。三归台上书"小谷城边古井留，三归台与共千秋，佐齐霸业今何在，剩有荒凉土一丘。"台上有一石碑，高约1.7米，宽约0.7米，厚约0.2米，题"管仲三归台"。后该碑被损毁，明隆庆年间又被重砌。经过历朝历代修缮，三归台有碑刻数块。最早的碑在日本人占领东阿后，被偷运到日本，其余碑刻在十年动乱时被损坏。

少岱山庙会是济南市市级非物质文化遗产保护项目，每年农历的三月二十八日开始，持续一个月。

图10.22　修缮后的少岱山管仲亭（照片由东阿镇提供）

　　庙会开始时，先由少岱山道士组织善男信女在碧霞元君祠前祭祀，诵读祭祀经文，求碧霞元君保佑来年平安，诸事顺遂。道长持香带领众人祭拜。之后人们可自由上香，有的老人一步一磕头地登山，诚意十足。还有许多香社带着乐队、高跷、狮子等娱乐队伍，来朝山进香。

　　20 世纪 50 年代前，庙会有了贸易活动，远近商人皆来此交易。不仅有农副产品、五金电器、手工业产品，还有药材、粮食等。其中骡马贸易规模较大。来自内蒙古的牛、河北的马驴骡、山西的羊等都来此交易，形成方圆几百里的唯一一处骡马大会。

　　少岱山庙会，一是祭祀元君，二是贸易互通，三是娱乐热闹。娱乐活动丰富，最主要的是唱大戏。庙会每年都请剧团在少岱山南石坪上唱戏，或请两个剧团打对台，马戏、杂技等艺术团体最多可达十几个，锣鼓喧天，热闹非凡。

　　除非物质文化遗产外，东阿镇特色小吃水豆腐同样闻名。由浪溪河水制作，色白如玉，内含蜂窝状小水孔，故称"水豆腐"。上桌时可淋上辣酱、香油等佐料，吃起来滑嫩爽口，滋味绝佳，是当地人待客的必备菜肴。豆腐皮色甘黄，味清香，便于携带保存，也是当地的名特产之一。

参考文献

［1］山东省历史地图集编纂委员会.山东省历史地图集·古村镇（征求意见稿）
　　　［M］.2009.

［2］山东省历史地图集编纂委员会.山东省历史地图集·古村镇（征求意见稿）
　　　［M］.2010.

［3］中华人民共和国住房和城乡建设部.中国传统民居类型全集［M］.北京：中国
　　　建筑工业出版社.2014.

［4］姜波.山东传统民居类型全集［M］.北京：中国建筑工业出版社.2015.

后记

　　传统村落是闲适的，是恬淡的，也是舒缓的。

　　在这里，百姓们春耕夏种，秋收冬藏，度过酷暑严冬；在这里，百姓们听林中鸟唱、塘中蛙鸣；在这里，一代代村民休养生息，婚丧嫁娶，创造着属于他们自己的信仰崇拜、伦理亲情、生活艺术，培养着他们自己的审美情趣……

　　这就是让我们魂牵梦萦的乡愁；

　　一个民族渗透在心灵中的传统；

　　一种穿透进精神深处的根脉。

　　留住家园，留住乡愁，不应当只是一部分专家学者的呼吁，而是我们这一代人的历史责任。

　　近年来，传统村落得到了前所未有的重视。2012 年，是中国传统村落保护的"元年"，国家四部委、局启动了对传统村落的调查与认定工作。截至 2022 年，已开展了六批中国传统村落名录认定工作。

　　十年弹指一挥间，很多优秀的传统村落得到了较好的保护和发展，焕发出新的生命活力，也带动了当地乡村经济的发展。

　　济南是一座历史悠久的文化名城，在济南周边散落着许多深受府城文化影响、历史文化底蕴深厚的传统村落，一座座传统村落因地域不同，形成了不同特色，构成了不同区域人们多姿多彩的村落文化和生活方式。每一个传统村落都是历史发展的重要见证者，村落中遗留的传统民居、宗祠庙宇、古树名木、石板小巷，以及体现村民们生活智慧的民俗文化等，无不从里到外刻下了这个村落不可复制的烙印，成为独一无二的村落标志。无论从村落历史、人文环境还是村落民俗生活和非遗传承上，济南市的传统村落都具有深厚的可供保护和研究的重要价值。

　　然而，正像全国各地传统村落的命运一样，在时代的急剧变迁中，济南市的一些传统村落亦不同程度地被改造、被废弃，村落中越来越多的老宅坍塌、损毁，很多具有几百年传承历史的民间手工艺、民间曲艺、民间娱乐等民俗文化，更是渐趋消亡。这些凝聚了千百年农耕文明和历史文化、维系着人们精神纽带的传统村落，应该如何保护和发展？他们的命运该走向何方？是亟待引起社会各界共同关注和思考的大问题。

　　2018 年起，为切实做好历史文化名镇名村及传统村落的保护工作，济南市住建部门启动了对传统村落的保护工作。我们与济南市住房和城乡建设委员会首次合作，选取了 20 个国家级和省级优秀传统村落，深入实地，用文字和相机记录下了这些传统村落中的古建筑、宗祠庙宇、民风民俗等，以图文并茂的形式，将济南市传统村落深厚的历史文化遗产呈现在读者面前。同时完成了《走进济南传统村落（一）》和《走进济南传统村落（二）》两部书作，受到广泛好评。倍受激励下，2022 年，我们在济南市住房和城乡建设局支持下，重启传统村落的调研工作，不仅增加了调研的村落数量，将济南市 20 余个国家级和 40 余个省级优秀传统村落悉数收录，还收录了 4 个历史文化名镇名村，并新增了大量手绘图和测绘图纸，结合原来的两本书作，以行政区划为单元，最终完成了《寻访济南传统村落·章丘篇》《寻访济南传统村落·莱芜篇》《寻访济南传统村落·长清篇》《寻访济南传统村落·南山平阴钢城篇》系列丛书。这也是我们对保护济南市优秀传统村落做出的实质性行动。

　　时至今日，《寻访济南传统村落》系列丛书调研和撰写工作已落下帷幕。五年来，我们克服种种困难，行走在传统村落的街巷村头，停留在村民们的屋前门后，盘膝而坐听村里老人讲述他们的艰辛建房、拜师学艺、中草药采集等渗透着喜怒哀乐的过往日常。每一个传统村落都是丰富多彩的，那些带着浓郁地方特色的黄米、花椒，大山里救命的中草药，一代代传承下来的生产生活民俗、戏曲传唱等，与朴实的乡民紧紧相依，在炊烟袅袅的乡土里孕育着百姓的日常。正是这带着烟火味道的日常，赋予了这些村落深厚的生命内涵，组成了我们民族的根脉。因此，保护传统村落，无疑就是保护我们民族的"根文化"。

　　在这条路上行走，我们倍感荣幸！

　　值本书付梓之际，首先感谢济南市委副书记杨峰对本课题给予的关怀和支持，在杨书记的关心下，本课题的后续工作得以顺利完成。感谢住建部中国传统村落专家指导委员会副主任委员、清华大学建筑学院教授罗德胤对济南传统村落的长期关注，感谢济南市住房和城乡建设局长期以来对本课题给予的支持，感谢山东建筑大学学校领导祖爱民副书记、宋伯宁副校长对我们的研究工作长期给予的支持。感谢各县区、乡镇街道办事处住建部门工作人员在调查时给予的热情帮助，并无私地提供各种资料，以及众多热心村民的大力协助。他们才是乡村建设的第一主人，正是他们对乡村和家乡的深深热爱也激励着我们不断前进的脚步。感谢刘东涛、黄鹏及张荣华拍摄团队等志同道合的同仁、好友陪同我们一起走村串乡，更感谢参与村落调查的贺伟、董青峰、韦丽、李潇爽等同仁和周博文、仇玉珠、冯传森、张林旺、黄萍、薛鑫华、柳琦、王琦、李春、徐敏慧、何静、许鑫泽、刘李洁、骆思宇等各位同学，和你们一起进行田野调查的日子是永远美好的记忆。最后，感谢山东画报出版社，在他们的支持下，本套丛书得以顺利出版，特别是于滢编辑认真负责，反复斟酌版面设计，力求将济南优秀传统村落全新的面貌呈现出来。

本书照片绝大多数是参与调查的老师和同学所拍摄，书中所用规划图由各基层建委提供，未再一一标注，在此一并表示感谢。受时间和经验所限，我们深知对一个村落的解读单单依靠这些还远远不够，村落里那些宝贵的营造技艺、中草药、乡村特产、民风习俗等仍有待挖掘。希望以本书出版为契机，进一步加强对乡村文化的提炼总结，保护传承、转化创新。同时能团结更多热爱关心传统村落发展的同仁，共同把济南传统村落的研究工作推上更新的高度！

住建部传统民居保护专家委员会委员

山东建筑大学齐鲁建筑文化研究中心主任、教授